KB083273

니 체 는
이 렇 게
물 었 다

당 신 의
삶 은
괜 찮 으 세 요

니체는 이렇게 물었다 당신의 삶은 괜찮으세요

발행일 초판1쇄 2020년 10월 8일(庚子年 丙戌月 甲申日) | **지은이** 정화
펴낸곳 북드라망 | **펴낸이** 김현경 | **주소** 서울시 종로구 사직로8길 24 1221호(내수동, 경희궁의아침 2단지) |
전화 02-739-9918 | **팩스** 070-4850-8883 | **이메일** bookdramang@gmail.com

ISBN 979-11-90351-29-4 03190 | 이 도서의 국립중앙도서관 출판예정도서목록(CIP)은 서지정보유통지
원시스템 홈페이지(http://seoji.nl.go.kr)와 국가자료종합목록 구축시스템(http://kolis-net.nl.go.kr)에서 이
용하실 수 있습니다.(CIP제어번호: CIP2020039375) | Copyright © 정화 저작권자와의 협의에 따라 인
지는 생략했습니다. 이 책은 지은이와 북드라망의 독점계약에 의해 출간되었으므로 무단전재와 무단복제
를 금합니다. 잘못 만들어진 책은 서점에서 바꿔 드립니다.

책으로 여는 지혜의 인드라망, 북드라망 **www.bookdramang.com**

니체는
이렇게
물었다

당신의
삶은
괜찮으세요

마음대로
풀어 쓴
『차라투스트라는
이렇게 말했다』

정화
지음

BookDramang
북드라망

머리말

기다리는 무언가가
이미 온 것처럼 마음속에 자리 잡힌다면
그 기다림으로
한 생을 살아갈 수 있지 않을까

아무도 기대하지 않은 일이라도 그렇겠지요
그 일이 은근한 기쁨이 된다면
그 기분으로 제 길을 걸을 수 있을 테니까

니체의 글을 풀어 쓰다 보니 그 글이 주는 미묘한 맛을 기다
리고 있는 누군가에게 들려주고 있는 듯했습니다. 그렇지만
기대에 부응하지 않아도 되는 가벼움이 있어 그런대로 마칠
수 있었습니다. 드러나지 않는 응원 감사드립니다.

이 책을 쓰는 데는 『짜라두짜는 이렇게 말했지』(백석현 옮김, 도서출판 야그, 2007)의 도움이 참으로 컸습니다. 백석현 님께 감사드립니다. 그리고 저에게 '부처님의 가르침과 수행 경험을 바탕으로 니체에 대한 이야기를 해보는 것이 어떻겠느냐'는 제안을 겁도 없이 받아들여 강의를 했을 뿐만 아니라 책까지 쓰게 된 인연을 만들어 준 수유너머의 식구들 고맙습니다. 아울러 기다리거나 기대하지 않으면서도 언제나 응원을 보내 주신 분들과 북드라망 · 남산강학원 · 감이당 식구들께도 감사드립니다.

모두들 건강하고 평안하며 행복하십시오.

정화 합장

목차

2부

3부

4부

들어가는 말

1.

‘올라가기’도 힘들지만 ‘내려가기’는 더 위험해. ‘갖기는’ 분명히 보이는 것 같아 성큼성큼 올라가지만 ‘비우기’는 햇빛 아래서도 어떻게 할 줄 몰라 발을 헛딛기 십상이므로.

독수리 눈과 같은 통찰력과 뱀과 같은 탁월한 지혜를 동반하지 않고는 결코 볼 수 없는 심연, 그곳은 보인다고 해서 곧바로 내려갈 수도 없어.

하여 깊은 산속에 들어가 10년 동안 독수리의 눈과 뱀의 지혜를 갖추기 위해 심연을 헤집고 다녔지. 그러던 어느 날 아침, 심연에서부터 솟아난 빛을 안내자 삼아 지혜의 샘물을 지겹도록 마시고 나서야 내려가는 일에 익숙해졌고 인간을 넘어섰지.

인간을 넘어섰다는 것은 하늘이라는 허물을 벗어 버리고 땅으로 내려섰다는 것이야. 땅을 제대로 딛고 나서야 인간으로서의 인간이 초인이 됐고, 스스로가 삶의 의미가 되어 하늘 이미지에 따라 광대짓 하던 자신의 시체를 짊어질 수 있었다는 것이지.

2.

캄캄한 곳에 숨어 산 자는 물론이고 죽은 자에게조차 허물을 씌우고 있는 ‘하늘이라는 허구의 쉼터’를 지나갈 수 있게 된 것은 밤에도 사물을 볼 수 있는 눈을 갖추게 됐을 뿐만 아니라 안식처로 삼을 수 있었기에 가능했으며, 고요하고 평화로움을 깨뜨리고 들어오는 두려움조차 심연의 빛에 의해 흔적조차 남기지 않을 수 있었기에 가능했지.

아직도 땅으로 내려가지 못하고 산속에서 하늘만을 바라볼 뿐 인간을 사랑하지 않는 성자는 죽은 시대의 율판을 짐처럼 짊어지고 있는 것과 같은데, 율판의 빛이 바래다 못해 저절로 새로운 흔적이 생겨나면서 하늘바라기 성자는 그 글자를 읽을 수조차 없게 됐으니 어쩌지.

그러다 보니 그에게는 누구에게도 줄 수 없는 선물을 선물이라고 고집한 정신밖에 남아 있지 않으니, 그의 정체성은 지나쳐야 할 어둠이며 한숨밖에 나오지 않는 무지. 바라보고 바라보다 지혜조차 떠날 때, 자존감도 떠나가기를 바라지는 않았을 텐데.

1부

1. 버리고 버리고 또 버리고

착함으로 무장된 백성의 정신은 양반의 무게를 온전히 감당해야 하는 신체를 만드는 정신. 그 정신으로 무거운 것을 질수 있는 신체를 만들었으나 갈수록 홀로 걷는 사막의 낙타꼴. 하여 첫번째로 버려야 할 것은 머릿속에 든 의무이행의정신. 이미 더이상 질 수 없을 정도로 짐이 무거워진 상태에서 더 채울 것인가 비울 것인가를 결정하는 것이 첫번째의탈바꿈이라는 것이지. 더 채우면 고꾸라져 죽어갈 것이고,비우면 사막에 자신의 삶터를 이룰 지혜가 솟아나게 되겠지.

스스로 주인이 되는 삶을 살기 위해서는 정신 속에 심어진누군가의 의지를 실현해야 한다는 무거운 짐을 내려놓고, 샘솟는 자신의 의지를 실현하기 위한 사자의 용맹이 절대적으로 필요하다는 것이야.

자신을 의지하고 자유를 실현한다는 것은 심어진 의무에 대해서 '아니오'라고 말하면서 의무이행정신을 내려놓고 자신의 삶이 그 자체로 존중받을 수 있는 가치라는 것을 흔들림없이 움켜쥘 수 있는 용맹스런 사자의 정신을 갖추는 일이지. 이것이 두번째의 탈바꿈.

두 번의 탈바꿈을 하고 나서 걸음걸이마다 자신의 의지를 담아낼 뿐 아니라 어린아이의 마음까지를 터득하는 것이 세 번째의 탈바꿈. 만나는 일마다 새롭게 만날 수 있고, 그 일과 더불어 장난질하듯 살 수 있는 의지가 자신의 세계와 가치를 창조하기 때문이지.

2. 정신이 빈곤한 사람을 위한 설교

내려가지 못한 발걸음은 정신이 깨어나 '심어진 의지의 벽'을 뚫고 길들여진 자신을 넘어서려 할 때 전광석화처럼 화해처를 찾으려는 빈곤한 의지. 한편으론 넘어서려 하고, 다른 한편으론 화해하려 하면서 하루를 피곤하게 보낸 후 깊은 잠을 자는 것 또한 화해처로서는 최상의 미덕을 실현하는 것이지. 넘어서지 않아도 된다는 달콤한 안심의 아편에 취하는 시간이 잠이잖아. 얼마나 좋은 미덕이야, 거기에 더해 내일도 살 수 있는 힘조차 생기잖아!

잠이 내일의 희망이 되는 '정신이 빈곤한 사람'은 영혼이 없어도 되는 일꾼의 삶을 살 뿐만 아니라, 양반을 대신하여 화해하느라 바빴던 사람들에게 곤히 잘 수 있는 잠자리의 정신을 전파하는 일도 하니,
낮이나 밤이나 잠을 자고 있는 정신이 빈곤한 사람이야말로 양반의 마음을 얼마나 평안하게 해주는가!

길들여진 잠은 때만 되면 살금살금 다가와
의자처럼 조용히 있으면서

주어진 의무와만 손잡게 하는 도둑

하여 석좌교수가 삶의 실상은 의자보다 먼저 눕는 것이며,
그것이야말로 행복의 지름길이라고,
최고의 미덕이라고 설파해도 되지.
'깨어나지도 말고, 만들어진 의미체계를 뚫으려 하지도 말
고, 평안하게 자소서!'라고

정신이 빈곤한 자들에게 행운이 깃들기를!

3. 재로 채워진 사유의 창고를 비우고

인지혁명이 일어나 사변적인 사유가 가능해진 인류, 인간을 발명했을 뿐만 아니라 남자, 여자, …… 일어나지 않는 불안 등등도 발명했으며 더 나아가 저세상도 발명했지.
인간 사유의 밑바탕이 발명된 사변적인 지식으로 가득 차다 못해 헛된 망상까지도 생산할 수 있게 됐다는 뜻이야.

초인인 나도 심연까지 내려가지 못했을 때는 헛된 상상 속에서 오랜 세월을 보냈어. 발명된 세상에 구멍을 뚫고 그 너머를 보게 돼서야 비로소 만들어진 상상 속에서 인간으로 자라났다는 것을 알게 됐다는 것이지. 그렇게 된 것은 독수리와 뱀을 친구 삼아 자신의 사유근거를 들여다보고서 온전히 자신으로 살 수 있는 힘을 갖게 된 이후.
하여, 스스로 창조한 저세상에 지배받고 있는 인간을 넘어서라고, 상상으로 만들어진 신이라는 망령으로부터 벗어나라고 이야기할 수밖에 없어.

나 짜라두짜가 만들어진 신과 그에 걸맞은 망령으로부터 벗어날 수 있었던 것은 세 번의 탈바꿈이 일어난 다음이었어.

탈바꿈이란 '살아 있는 자기를 태워 만든 재'로 채워진 사유의 창고를 비워 내는 일이야.

하니, 자신의 창조력을 잠재우는 석좌교수들의 미덕설교에 속아 잠자기를 좋아하면서 정신을 빈곤하게 하면 안 돼. 그러다 보면 무엇을 원해야 하는지조차 알 수 없는 절망의 구렁텅이에서 구원처로서 발명된 저세상을 삶의 희망으로 갈구할 수밖에 없어. 이는 자신 스스로에게도 소외된 삶으로, 자신의 몸조차 가눌 수 없는 상태라 저세상의 환상을 자양분 삼아 죽음을 의지하는 수밖에 없게 돼.

허나, 이는 환상 중에서도 환상이니
죽음으로 통한 환상에 의지하지 말고
땅을 딛고 선 삶을 의지해야 해
나를 넘어선 나 짜라두짜도 몸과 땅을 의지해
몸과 땅으로 통하는 길이 '좋은 길'이야.

몸과 땅을 벗어나는 것이 구원이라고 믿는 것은
병든 자가 되거나 죽어가는 자가 되는 지름길이니
허구의 저세상을 의지하는 것은 자신을 잃는 일이며
어두움을 그리는 일이며
허깨비를 길잡이 삼아 이곳저곳을 떠도는 것

그래서 나 짜라두짜는

재가 되는 사유를 넘어서고

인간을 넘어선 인간이 되라고 이야기하며

몸과 땅 그 자체가 고귀한 줄 알아야 한다고 이야기하지

4. 정신의 덫에 걸린 사람

생물을 이루는 물질분자의 활동, 지성
지성분자가 따로 있어 지성활동을 하는 것이 아니라
지성활동 그 자체가 분자의 활동이라는 뜻이야
생물물질만이 그럴까
양자물질 자체의 본분이 지성활동은 아닐까?

몸을 가벼이 여기는 자는 복이 없나니!

알려지지 않은 지성활동을 하면서 생명계의 지성과 끊임없
는 의존관계로 매 순간 새로운 몸의 지성 네트워크를 조율
하는 분자지성
드러나면 의식이 되고
의식을 의식하는 의식도 되고
늘 새롭게 창조되고 있는 자아도 되고
숨어 있는 듯한 몸의 정서를 깨워 느낌도 되게 하나
느낌의 공명이 자아의 감각이 되면서
자아지성이 다시 감각과 분자지성의 흐름을 자각하기도 하
니

심연이 현상이 되기도 하고
현상이 심연을 조율하기도 하지

그럼에도 불구하고 감각과 정신은 어느 순간부터
허상만을 따르다가
한계지어진 의미체계 속에 생명계 그 자체인 자아를 가두어
허상으로서의 자아를 창작하게 되고
느낌도 느낌으로 창작하게 되지

아차 하는 순간 창작된 허상이 주인공이 되면서
자아의 느낌과 의미가 한계지어진다는 것이야
실상은 그대 자신이 물질도 아니고 정신도 아니면서
관계 속에서 물질처럼 정신처럼 드러나기도 하고
숨기도 하는 창조자인데

때문에 허상인 자아를 넘어서려면
만들어졌으면서도 스스로 존재하는 듯한 착각을 만들고 있
는
정신의 벽을 넘어서야 해
넘어서지 못하고 몸을 경멸하는 자는
정신의 덫에 걸려든 자로서
순간순간 되어 가는 자아를 현상하면서도, 동시에

자아를 넘어서고 있는 창조행위를 알 수 없지
그와 같은 인지는 지성의 열정에 눈감는 행위와 같아
정신을 쏠 때마다
생명의 흐름과 어긋난 의미만을 고집하다가
생명계로부터 소외되니
사람을 넘어선 사람, 곧
초인이 되는 길을 스스로 막고 말지
이것이 '몸을 경멸하는 사람'들의 정신활동이야

5. 파멸을 감수하는 자

이름 붙여진 미덕에 기뻐하는 건
넘어서기를 포기하는 행위
이름에 갇히는 포장술에
자신의 정열을 양도한 것이지

만나는 인연마다 새롭게 되어 가는 정열의 자기는 결코
말로 표현할 수 없는 춤사위
이름인들 있을까?
이름짓기를 넘어서야 고귀한 미덕이 조금씩이나마 드러날
수 있으니
더듬거리며 이름 짓는 것조차 부끄러워해야지

된 자기가
되어 가는 자기를 질투하는 것은
자기를 넘어서는 과정에서 필연적으로 일어나는
미덕과 미덕이 싸우는 과정
그런데도 하나의 미덕에 멈춰
이름을 짓고

그 이름을 찬양하는 건
'떼'의 일원일 수는 있지만 자기를 넘어설 수는 없어

앞선 미덕을 넘어
되어 가는 미덕들이
가장 높은 자리를 차지하도록 하는 질투가
기쁨과 정열이 되어야
인간을 넘어선 초인이 탄생하니

초인은 미덕을 사랑하지만
미덕을 위해
스스로를 넘어서는 파멸을 기꺼이 감수하는 자

6. 시대의 어두움에 복역하는 자

모난 돌이라고 규정하고서 그 돌을 정으로 내려치는 자,
그는
시대의 어두움에 복역하는 자
정에 맞는 이의 눈은 도리어 깊어지나
심판을 내린 자들의 눈은 빛을 잃지
두 개의 눈빛이 보여주는
두 개의 판결 내용
한쪽은 목을 잃었지만 가장 고귀한 자로서 빛나는 존재가
되고
다른 한쪽은 스스로를 경멸하면서
경멸을 합리화하지 않고서는 살 수조차 없는 존재가 되지

그는 모든 사람들이 속으로
지저분한 독사새끼라고 외치고 있는 걸 너무도 잘 알기에
속에서 생겨나는 이미지가 자신을 덮고 있어도
정을 내리칠 때는 그럴듯한 명분으로 포장하니
생각과 행동과 이미지가 함께하지 못해
정신이 분열된 것과 마찬가지

일상이 제대로 굴러갈까?
분필로 그은 선 속에 갇힌 닭처럼
스스로 쳐 놓은 이미지의 그물 속에 갇혀 허우적거리며
분리할 수 없는 몸과 영혼을 분리하면서
이중 삼중으로 고통받게 되리니

그러면서 사람을 넘어선 사람에게
선량한 사람을 욕보이게 하지 말라는 헛소리로
자신의 도피처를 만드는데
선량한 사람들은
그 일이
도피처를 만드는 협잡인지도 모르니
선량하기만 하고 사람을 넘어서지 못한 사유는
범죄자들이 도피할 수 있는 절호의 찬스
선량한 이들이여, 차라리 미치세요
미치지 않고 오래오래 산들 그것이 무슨 미덕이 되겠어요

미친 나
초극한 나
사람을 넘어선 사람인 내가
모난 당신들의 받침돌이 될 테니
제발 나를 딛고 넘어서세요

허나, 나에게 손잡아 달라고는 하지 마시길

난 지팡이가 아니거든

7. 용기가 필요한 글쓰기

글을 쓰려면 피로 써야 돼
낯설어 섬뜩한 기운을 풍기는 글들은 모두 피로 쓴 글

낯설게 하지 못한 글들은
누구나 읽을 수는 있지만
정신 자체를 썩게 해
글쓰기도 망치고
생각도 망치게 하지
신의 뜻이라고 이야기하는 글들은 다 그래
읽고 읽고 또 읽지만
사람에 머물게 하는 글

사람을 뛰어넘는 글은 피로 쓴 촌철살인
암송된 글이 곧 육화된 글이 되지
산봉우리에서 산봉우리로 건너뛸 수 있는 다리 같은 글
건너뛸 때 큰 용기가 필요하듯 그런 글도 용기가 필요해
죽을 수도 있다는 생각, 곧 겁을 뛰어넘는 자만이
쓸 수 있는 다리 글이니 그렇지 않겠어

다리 밑에 짙게 드리운 먹장 구름과

그 구름 사이에서 솟아나는 천둥번개를

두려움 없이 내려다볼 수 있는 힘을 갖춘 나,

숭고해진 나는

하늘을 쳐다보지 않지

가벼운 걸음걸이 하나마저 숭고한 행위가 되기에!

숭고한 행위는

익숙하지 않은 사람

사람을 넘어서지 못한 사람들 속에 있으면서도

사람들을 끌어당기는 에고의 덫

중력의 영을 가볍게 웃기고

나비 같고 비누거품 같은 사랑을 진짜 사랑이 되게 하지

살랑이는 바람과 손잡고 가볍고 가볍게 춤을 추는 사랑의

행위, 너무나 숭고해 눈물이 나

웃으면 죽게 되는

중력의 영을 웃기는 나

뺨을 스치는 바람과 춤추는

육화된 신, 나

8. 나무의 숨결을 느끼고

내일이 불안한 것은
환상만이 내일이 되기 때문, 허나
환상을 길잡이 삼지 않으면 방향조차 불분명해
지금 여기를 환상에게 내줄 뿐만 아니라
낡은 환상을 붙잡고 머물러 주기를 간청하는 이들이 있으므
로 낡은 흐름이 유지되는 것은 아닐까

허나 삶의 흐름은 매일매일을 새롭게 창조하는 것
하여, 나 짜라두짜는
내일의 환상을 길잡이로 삼지 않고
오늘의 걸음으로 내일도 창조해 가지

젊음이 불안한 것도
만들어야 할 환상이 많다는 것은 아닐까
어느 것을 잡아도 환상에 지나지 않는 것을!
'지금 여기를 좋아해'라는 심연의 명령을 피해 다니느라
힘찬 젊음을 소비하는 것이지
함께하는 산의 나무와 새들이 창조주인 얼룩 암소와 같듯

자신 또한 그러한 것을 모르고
창조주인 나무에 기대어 불안한 내일로 오늘을 흔들면서

아무리 흔든다 한들 지금 여기가 사라질까?
할 수 있는 일이라곤
실현될 수 없는 환상으로 오늘을 괴롭히고
하늘을 향해 가려 하니
창조주인 대지로부터 멀어지려는 행위
하면 할수록 자신에 대한 신뢰를 잃지

자신에 대한 신뢰를 잃은 자는
모든 이들이 자신을 믿지 못한다고 여길 수밖에 없어
높은 내일을 그리면서
지금 여기를 떠나려 하다
꼬꾸라진 모습으로 대지를 이고 있으니
감당할 수 있겠어
허공에 발길질하면서 거꾸로 서 있는 불안을

높은 곳에 오르려는 발길질을 하고 또 하다
이고 있는 무게가 커져만 갈 때
왜 지치고 피곤한지를 묻게 되면 그나마 다행
피곤하고 지칠 때라야

심연이 들려주는 소리에 귀 기울일 수 있거든

그때 비로소
얼룩암소라고 부르는 산의 나무가 외롭게 서 있으면서도
사람과 짐승보다 훨씬 높게 자라는 것이 보이고
땅 속 깊은 곳에 뿌리내리는 것이 하늘을 향해 발길질하는
것보다 더 고귀한 생명활동인 것을 알게 되겠지

아무도 알아주지 않았음에도
사람보다 훨씬 커 버린 나무
아무도 시기하지 않았기에
누구한테도 시기당하지 않으면서
어느덧 누구도 넘볼 수 없게 땅 속 깊이 뿌리내린
지금 여기의 든든한 삶
심연이 현상이 되고 현상이 심연을 튼튼하게 했기에
파괴당하지 않은 삶을 이룬 것이지

환상을 열망한다는 것은
오늘의 자기를 파괴하고
내일의 자기를 시기하면서
무엇을 하고 있는지조차 모를 발길질을 한다는 것
'나는 도대체 무엇이 된 것인가!'

심연은 그럼에도 불구하고, 당신의 눈빛을 믿지
지쳐 신경이 곤두선 상태에서 땅에 발 딛고
자유롭게 걷고 싶은 당신을

당신을 옥죄고 있는
'하늘을 열망하면서 사세요'라는 속삭임은
중력의 영이
기생하는 자신의 삶을 유지하고자 하는 열망이나
도가 지나쳐
당신에게 심연의 소리를 듣게 하는 통로를 열었으니
나무의 속삭임을 듣고서
숭고하고 고귀한 삶을 회복하길!

9. 발명된 불쌍한 삶

학습된 신념을 진리라고 떠드는 것은
사람들을 어중이떠중이 만들려는 술책이나
그 술책이 성공하기도 해
생각 없이 사는 사람이 많다는 것이 그 증거잖아
어중이떠중이로 남아도는 사람에게
생각을 하지 않아도 되는 약 '영생환'을 먹인 거지
영생을 설교하는 사람들은
실제로는 활발발한 사람을 죽이고 그 자리를
죽음의 재로 채우는 야만을 축복이라고 말해

이런 말을 입에 달고 사는 사람은
이미 죽어 있는 자로서 관 속에서 살아가는 자
이들을 깨우면 위험해
이들이 할 수 있는 가장 큰 자비는
스스로를 비웃으면서
관 밖으로 나오지 않는 것

이들이 쓰고 있는 축복문이라는 언어의 탈이

멀쩡한 인간을 어중이떠중이로 만들어 좀비처럼 거리를 걷
게 하는 순간
앵무새처럼 말하는 불쌍한 인간이 탄생되거든

영생과 죽음을 설교하는 자들이 가장 경계하는 것은
앵무새처럼 말하는 좀비에서 깨어나
스스로 생각이라는 것을 하는 것, 해서
생각이라는 것을 하려는 이들에게
온갖 수단을 동원해 입에 재갈을 물리지
이단이라는 말이 어떻게 나왔겠어

대신, 죽음의 설교를 받아들여 좀비가 되는 순간
영생을 얻었다고 광고하지
하긴 좀비가 되는 순간 시간도 정지하니
영생을 산다고 해도 헛소리인 줄 알 수 없으니
죽음의 설교가 계속될 수 있었겠지

죽음의 설교를 듣고 좀비가 되어
하루하루 지쳐 가는 이들을
슬며시 품어 주는 시늉을 하면서
더욱 강한 좀비가 되도록 하는 설교의 기술이
좀비의 삶도 견딜 수 있게 하니

누구 때문에 좀비로 사는 줄도 알 수 없겠지

'좀비로 사는 당신의 영생을 축복해'라는 설교를
받아들이려는 자세는
억지로 살 수밖에 없는 삶을 견디게 하는 묘약이 되어
날마다 더 열심히 살려는 의지로
좀비 같은 삶으로부터
도망치기 위한 무의식의 의지인지도 몰라

허나 좀비로서의 삶은
죽음을 삶으로 아는 어이없는 현재
어중이떠중이, 그리고
남아도는 사람들
제발 죽음으로 삶을 대신하려는 부지런함에서 벗어나
게을러져, 그리하여
발명된 불쌍한 존재로서의 삶에서 벗어나길!

10. 적에 대한 자부심

스스로 전사가 되어
나 짜라두짜는 누구와 전쟁을 치르려 하는가?
증오와 시기를 부끄러워하지 않고
그것조차 위대한 점이 되도록 했던 깨달은 성자처럼

아니, 싸우기 시작한 순간부터 성자가 된 것은 아닐까?
전사가 성자의 동반자이며
성자가 올 것을 알리는 예고자였으며
학습된 신념체계로 이루어진 두꺼운 동토층 밑에서 가쁜 숨
을 쉬면서도 언제나 전사였기에

신념체계와 손잡기보다는 결별하는 것이 훨씬 어렵지만
싸워서라도 결별해야만 제대로 된 숨을 쉴 수 있으니
숨 쉬는 것도 전쟁을 치러야만 가능한 시대

어중이떠중이들은 동토층이 너무 두꺼워 벗기조차 포기할
때
분연히 일어서는 용기는 자신을 넘어서

신성을 드러내는 행위
이 일보다 더 큰 선은 없지

따뜻한 가슴을 원하지 마
지금의 따뜻한 가슴은 어느 순간
자네의 전사 기질을 질식시키고 말 것이야. 허니
따뜻한 가슴보다
넘어서려는 의지로 꿍꽝거리는 가슴을 가져야 돼
꿍꽝거리는 감정을 부끄러워하지 말고
조심스럽게 인간을 넘어서는 동력으로 삼아야 해
넘어서면
누구라도 신념체계에 짓눌린 자기를 넘어 숭고한 사람이 되
니
넘어서지 못하고 오래 산다는 것을 부끄러워해야지

꿍꽝거리는 가슴으로 부끄러움을 무릅쓰고 넘어서려 할 때
'지금도 충분히 훌륭한데 왜 힘들게 넘어서려 해'라고 속삭
이는 나약함이
자네를 추켜세워 교만심을 갖게 하면서
'거봐 자네를 알아줄 자는 나뿐이지, 자네와 나는 항상 함께
해야 해'라고 끊임없이 재잘거리니
그 말에 속아 한눈파는 순간 나락행 급행열차를 타지

넘어선 자의 교만함은 그래선 안 돼
넘어서지 못한 자들이 짜라두짜와 맞섰다고 교만함을 뽐낼
때 '너는 나약함을 넘어서야 해'라고 명령하는 것이 교만함
이 되어야 해

나약함과 결탁한 적들과의 전쟁에서 승리할 전사는
적들이 자신을 넘어서지 못한 것을 증오할 순 있어도
그를 경멸해서는 안 돼
누구도 경멸할 수는 없거든

노예조차 반항심을 갖게 하는 증오로서
그들과 동등하게 맞서는 자세를
가져야 돼
함께 전쟁을 치르는 전사들을 아끼고 사랑하는 방법은
자신과 싸울 수 있는 적에 대해 자부심을 갖는 것
그것만이 싸움터의 형제들을 아끼고 사랑하는 것
그래야 한 점 부끄러움이 없지

11. 우상 중의 우상

사람만 발명된 것이 아니야
국가도 신의 ○○도 다 발명된 것
발명된 것들을 섬기면 섬길수록 자신에게서 멀어지니
할 수 있는 일이라곤 우상숭배를 하면서 서로가 서로에게
훌륭한 삶을 산다고 칭찬하는 수밖에 없겠지

다시 생각해 봐도
어이없는 일 ― 우상숭배
숭배된 우상들은 무엇이든 거짓말을 참말처럼 하는 기술을
획득한 괴물과 같지

국가라고 다를까?
인민이라고 다를까?
국가가 있기 이전의 인민은 국가의 인민이 아니었어
인민이라는 이름이 생기기 전이었으니까

한번 국가의 인민이라는 이름이 만들어지자
생명의 창조적 행위는 국가가 부여하는 탐욕의 코드 속에서

허우적거리게 됐지

그것은 국가가 판 함정

함정에 빠진 생명은 인민이 되나

간혹 아주 간혹 인민이 된 이들 가운데 생명을 회복하기 위
한 몸짓을 시작하려는 의지를 갖는 이들이 있기는 한데 만
일 그 의지가 들키기라도 하면 여지없이 사악한 마녀가 됐
다고 떠벌리면서 탐욕의 공동체에서 몰아냈지

활발발한 생명활동을 했던 시절의 모든 인민은 자신들의 몸
에 맞는 옷을 입은 것 같았으나

국가는 시공간의 흐름을 특정 형태로 규정하면서 인민 누구
에게도 맞지 않는 옷을 입혀

겉은 말할 것도 없고

내장까지 통제하면서

썩은 세계를 만들어 가는 일을 훌륭한 일이라고 선전하지

선과 악을 규정하는 국가가, 도리어

선과 악을 혼동하게 하여 인민을 함정에 빠뜨리니

인민들은 죽음을 의지하게 됐고

죽음을 설교하는 사람들이 설칠 수 있게 되면서

자신으로부터 소외 당한

어중이떠중이들이 탄생됐으며

남아도는 사람들도 만들어지게 됐지

함정에 빠진 사람들
함정에 빠지려고 의지하는 사람들
국가가 원하는 사람들
이들이 어중이떠중이며 남아도는 사람들이니
사람을 넘어서야 할 이유를 만들어 준 것도
국가가 생기고 나서부터라고 해야겠지

그렇게 탄생한 남아도는 사람들 가운데
스스로 스러지기를 원하지 않았던 사람들을 은근슬쩍 위협
하면서
새로운 우상을 위해 기꺼이 죽어가도록 인민들을 단련하지
'국가가 위대한 영혼이니 숭배하고 숭배할지어다'라는 말로

이 말을 마치고 나면 약간의 양식을 던져주면서 국가의 함
정으로부터 벗어나려는 생각의 씨앗을 말리지
손에 쥔 양식이 생명의 미덕과 자존감이 되면서 생명도 사
라졌다고 해야겠지

생명을 사고팔 수 있는 힘을 가진 국가라는 우상은 생명들
을 죽음으로 이끄는 건장한 말, 왜 국가가 인민의 생명을 보

호하지 않느냐는 질문이 더이상 통하지 않도록 온갖 장식거리로 치장된 말들을 이곳저곳으로 질주하게 하니, 정신을 차린다는 말은 생명을 팔아 돈을 쥔다는 것이며, 돈을 명예로 여길 수 있는 신념체계를 굳건히 완성한다는 것이니, 우리들의 신성한 명예는 치장된 마구의 숫자에 비례하게 됐지

국가가 죽음을 설교하는 자들과 손을 잡는 이유도 여기에 있어. 생명으로 인민이 눈을 돌리지 못하도록, 생명생명 하는 소리가 실제로는 돈돈으로 들리도록. 이와 같은 마음쓰기를 훈련시키는 기관을 죽음을 설교하는 이들은 성소라고 부르는데, 그곳에서 행해지는 일을 국가는 흐뭇한 미소에 경멸을 담아 지켜보기만 할 뿐 손을 놓고 있지. 그것이 국가가 원하는 일이기에

죽음을 설교하는 이들과 성소가 한두 군데라야 정신을 차릴 짬도 있으련만, 정신 차린 사람들이 써 놓은 피의 이야기조차 은근슬쩍 돈이 되는 문화로 바꾸고, '거 봐 결론은 돈이잖아'라고 제삼자인 듯한 언론들더러 동네방네 떠들게 하면서, 돈을 갈망하는 것이 생명의 활동을 잘하는 듯이 여길 수밖에 없게 해 가난한 어중이떠중이를 만들고 있는 것이 새로운 우상들이 하는 일이지. 열심히 하면 할수록 더 가난해지게 해야 우상들에게 손을 벌리게 되고, 결국에는 우상들이 파놓은 함정에서 빠져나오지 않게 되거든.

이봐 남아도는 사람들
서로가 토해 낸 한숨소리에 고약한 냄새가 심하지 않아
방법은 하나
우상의 창문을 깨고 신선한 공기 속으로 뛰어내린 다음
희생의 땀이 숭배받지 않는 땅으로 가
바다 내음도 맡고
고독한 연대를 실현하면서
살고 싶은 대로 사는 것이지

그전과 비교하면 가난해질 대로 가난해진 것 같지만, 위대한
그대가 자유롭게 살잖아. 손에 쥔 돈을 내려놓기에 가능한
일이고, 가난하고 고독한 이들끼리의 생명연대가 시작되니
진 듯하지만 그 정도는 지불해야지.
아차! 생명을 돈 주고 사고파는 곳에 오래 있다 보니 돈을 지
불한다는 말을 반성 없이 쓰고 말았군. 지불하고 산 것이 아
니라 그렇게 사는 것이 본래 그대의 삶이야

어중이떠중이라든가
남아도는 사람들이라는 이미지를 만들어 준
국가의 우상으로부터 벗어나니
인간세계는 언제나처럼 그렇게 있었고

결코 다른 것으로 대체할 수 없는 저마다의 노래인

인간의 노래도 시작됐지

인간을 넘어선 인간에 이르는 노래가

12. 국가도 뛰어넘는 우상

국가의 우상을 말했으니
자본의 우상을 말해야겠군
자본은 배우를 만들고, 그를 위대한 사람이라고 부르다가,
쓸모가 다하면 언제 봤냐는 식으로 처분하지. 상품을 팔아야
하는데 더이상 상품을 팔 수 없게 됐으니 그럴 만도 하지
위대한 사람들의 광고에 귀 기울이다 보면 어중이떠중이가
되고, 남이 만든 위대한 물건을 사지──실제로는 아무 쓸모
가 없는 것도──그것을 갖고 있으므로 위대한 사람이 된 듯
한 착각에 빠지게 하는 것이 위대한 사람이 하는 역할, 여기
에 속은 사람들이 힘주어 맞다고 맞장구치는 소리를 듣고
있자면 정신 차릴 틈이 없거든

시장이 정신 차리면 안 되는 장소가 되다 보니
가끔씩 숲속을 찾아가면
아무런 가르침이 없는 듯해도
어느새 온전한 자기로 가득 찬 고요가 눈물겹도록 그리움을
깨우지
고요가 정신이 되는 곳이 숲이거든

시장에서 정신 잃은 짜라두짜도 그리움이 깨운 소리를 듣고
숲속으로 갔지. 시장에서도 정신을 잃지 않는 묘술을 터득하
기 위해서였거든

숲의 고요함을 그리움으로 담아내지 못한다면
무엇이 위대한 창조인 줄 알 수가 없어
위대한 배우가 떠드는 소음 속에서 헤매게 돼
짜라두짜들이 손잡고 있는 생명계는 고요를 매개로 매 순간
생명가치를 창조하고 있건만, 시장의 소음에 빠지다 보면 만
들어진 대본대로 큰소리치고 있는 배우를 중심으로 돌아갈
수밖에 없으니……

배우는 정신의 양심이 없거든
양심이 없는 정신은
정신이라고도 할 수 없는
시장의 우상에 전도된 허구
허구를 팔려 하니
허구를 실재로 포장하는 배우가 필요하고

포장술이 뛰어난 배우일수록
정신의 양심이 없어 오랫동안

어중이떠중이들로 하여금 자신을 믿게 할 수 있지
포장술이 뛰어나다는 것은
쓸데없는 것을 믿게 하는 변덕술을 익혀
매일매일 믿음을 바꾸는 것

생명 그 자체도 매일매일 인연 따라 변하기에
배우의 변심이 당연한 것처럼 보여도
정신의 양심이 현상하는 것과 혼을 뺏기고 배우의 변심을
따르는 것은
비교 그 자체가 본래 가능하지 않지

고요를 매개로 드러나는 창조를 믿을 수 없도록
시끄러운 소음을 바꿔가면서도 엄숙한 얼굴로
광대적 믿음을 전파하는 배우는
행여 대열에서 이탈하려는 징조를 보이는 이들이 나타나면
내 편인가 아닌가를 물으면서 다시 되지도 않는 혼란 속으
로 밀어 넣으려 하니 말해 뭐해

생명의 고요 속에는 내 편과 네 편이 없는데도
소음에 익숙하다 보면
편을 가르는 것이 옳은 일처럼 느껴지거든
제발,

편 가르기에 끼어들지 말기를!

고요 속에서 일어나는 바람이
두꺼운 벽도 넘어설 수 있을 만큼 제 형체를 고집하지 않듯
그 부드러움으로
결코 부술 수 없을 것 같은 담도 소리 소문 없이 부수어 버리
듯
시장의 소음이 생명의 소리인 줄 알게 하는 시장의 벽을 헐
고
제발 그곳에서 멀어져
그리하여 깊은 우물의 고요와 신선하고도 거친 바람이 부는
고독한 곳에서 독파리에 지친 심신을 회복하고
좀팽이 같은 사람들이 추구하는 시장의 이익에 따른 복수를
원천차단하는 자존감을 맛보기를

그들과는 싸울 필요 없어
싸워 봤자 부질없는 상처만 남길 뿐인데도
받아주다 보면 받아주는 팔자가 되거든
혹여 자네를 칭찬하는 이가 있거든 더더욱 조심하게
자네의 심연까지 거덜내려 하는 짓이니
시장의 친절과 칭찬은 자네의 호주머니만을 털어내려는 것
이 아니라 자네의 내장까지를 토하게 만드는 잔기술이니 조

심하고 또 조심해야 한다는 뜻이야

시장을 벗어난 적 없는 좁아 터진 영혼들의 목소리는 아무
리 넓어도 시장 안
하여, 시장을 벗어난 자네의 미덕은 그들이 보기에는 도저히
받아들일 수 없는 것
시장 안의 소음과는 달리
자네의 미덕은 가만있어도 시장을 초라하게 만들거든

초라함을 느끼게 하는 불편한 자네를 어찌 가만히 보고 있
을 수 있겠는가?
자네만 보면 독이 강해지고 피가 거꾸로 치솟게 되는데
제발, 자네!
신선하고 거친 바람과만 친구하게
고독이 자네의 팔자야

13. 그냥 그렇게 된 웃음

마음이 욕망하는 것이 아니라 욕망이 마음이며
마음이 순수한 것이 아니라 순수가 마음
마음이 온갖 얼굴로 변하는 듯해도, 실제로는
온갖 얼굴이 그 모습 그대로 마음이라는 소리야
숲을 좋아하는 짜라두짜라는 말도
짜라두짜가 숲을 좋아하는 것이 아니라
짜라두짜가 숲이 됐다는 것이지

그러다 보니, 시장의 우상을 숭배하는 이들은 순수한 얼굴로
욕망의 색깔을 조절하는 기술이 필요하게 됐어. 저 깊은 곳
에서부터 동요하는 음란마귀의 준동을 자각하고 나서부터
는 안 그런 척하는 기술이 필요하게 됐다는 뜻이야.

욕망을 감추는 기술이 뛰어난 고수는 눈빛조차 흔들림 없이
욕망을 충족하려 하고, 하수들의 눈빛은 감출 수 없는 욕망
으로 번들거리니 이들 욕망체를 시궁창이라고 하지 않을 수
있겠어. 시궁창이 내장이 된 이들은 순진함이 무엇인지 모르
니, 짐승들도 이들을 피해 가지

마음이 감각하는 것이 아니라
몸에 밴 욕망이 냄새를 풍기니 짐승인들 모르겠어

금욕의 미덕을 얼굴로 갖고 있으면서
눈빛조차 흔들리지 않는 고수라고 해도
내장 깊숙한 곳에서는 관능만으로 채울 수 있는 곳간이 있
어
스스로를 연민하면서도
욕망으로 그곳을 채우려 하니
지옥이 따로 있을까?

그에 반해 순결이 마음이 된 사람들이 있으니
누구보다 점잖으면서도
웃고 웃고 실컷 웃지, 이 웃음은
듣기만 해도 기분 좋은 웃음이라 기분 좋은 마음을 만들지
자각하고 지키려는 점잖은 모습도 아니고
관능을 담아둔 곳간에서 풍기는 냄새를 감추려고 웃는 웃음
도 아니야
그냥 웃는 것이지

지키려고 지킨 웃음도 아니고
순수도 아니야

그냥 그렇게 된 것이지
손님처럼 왔으나
함께 살다 보니
주객의 구분도 사라졌어
마음에 순결이 깃든 것이 아니라
순결이 마음이 됐다는 뜻이야

14. 나이면서 또 다른 나

인지혁명이 일어나 생각을 생각할 수 있게 되면서
자기를 생각하는 자기도 생겨났는데
잘하면 좋은 친구가 되나
잘못하면 자기조차 갈팡질팡하게 만들지

하나인데 둘이 되기도 하고
둘인 듯해도 결국 하나일 수밖에 없는
나와 나
이 둘 사이의 이야기는
온전히 나의 이야기이면서 그것만이 자신의 세계

이야기가 진지해질 수밖에 없지
나와 나이면서 나의 주권을 주장하는 이야기인 듯하기도 하
고, 가끔은 벼랑 끝에 서 있는 하나인 나의 두 이야기인 것 같
기도 하니까
그래도 속 깊은 위로가 되는 것은 내가 나를 보면서 해주는
이야기처럼 깊은 이야기도 없기 때문이겠지

하나는 나를 드러내려 하고

또 다른 하나는 깊숙이 내려가려고 하면서도

적당한 타협이 이루어지기도 하나

위로 치솟은 나는 아래의 나가 부러워하거나 시기하는 나가

되기도 하고

깊은 심연의 나는 위의 나가 부러워하거나 시기하는 나가

되기도 하지

사랑하기도 하고 질투하기도 하면서

그런대로 균형을 맞춰 가는 나들

때론 친구가 되고

때론 적이 되기도 하니

호적수도 이런 호적수가 없어

서로에게 맨몸을 보여 줬거든

서로의 맨몸을 보고 나서는 부러워하면서도

감출 것이 없어 상대에게 질 것 같아 분노하기도 하지

실은 맨몸을 드러낼 수 있어야 신이 되거든

인간을 넘어서기 위해서는 겉치레 같은 옷부터 벗어야 된다

는 이야기야

초인이라는 과녁을 향해 날아갈 수밖에 없는 쏜 살과 같은

행위를 해야

속을 나누는 친구에 대한 예의도 되고
친구의 꿈 속을 헤맬 수 있어야
진정한 나이면서 또 다른 나일 수 있다는 뜻이지

위가 아래를 연민해서도 안 되고
아래가 위를 동경해서도 안 돼
서로에게 신선한 공기 같은 존재로서의 친구는
상대를 해방시키면서 자신도 해방되거든
내가 나를 해방시킨다라는 것이지
그렇지 못하면 폭군이거나 노예, 결코
친구가 될 수 없고
부당한 일에도 눈감을 수 있는 사람의 감정으로도
친구를 맺을 수 없어

나! 짜라두짜처럼
가진 것 없지만 줄 수 없는 것도 없고
주고 또 주어도 가난해지지 않으며
바람결과 함께 춤추고
나뭇잎과 더불어 속삭이는
고독만으로도
친구를 해방시키고 나도 해방시킬 수 있어야만
친구가 된다는 것이야

15. 스스로가 삶의 의미가 되는 시대가 열리고

한때는 사람의 타고난 성향이 선인가 악인가를 놓고 다투기
도 했는데
사람은 선도 악도 아니야
그냥 되어 가는 것이지

지금 보면 별것 아니지만 그때는 심각했지
권력의 뜻에 맞게 인민을 조련하기 위해서는
인민을 보는 기본 설계가 있어야 했거든
그래 놓고 거기에 맞추어
되지도 않는 교육을 했던 시절이 있었다는 것이야

지금이라고 그렇지 않을까
권력자가 원하는 것은 우중이거든
우중에게 만들어진 선악의 기준에 따라 스스로 가치판단을
하고 있다는 착각만 심어주면 권력자가 원하는 대로 세상이
돌아가다, 때가 되면 또다른 선악의 기준만 제시하면 되니
그렇지 않겠어
잡기가 어렵지 잡고 나면 권력을 행사하기가 너무나 쉬워

이쪽의 선이 저쪽에선 악이 되기도 하고
그 반대도 마찬가지니

실상은 권력자의 권력의지만 중요하지
우중은 '왜 그럴까'라는 생각을 할 수도 없어
생각 없이 살게 하는 율법서판을 머리에 이어 주면서 그대
로 하기만 하면 절대선을 행한다는 착각을 체화하는 일을
권력자와 그 주변 사람들이 하도 지속적으로 하다 보니 그
렇게 되고 말았으며, 혹여 그렇게 되지 않는 사람이 있으면
강제해서라도 질문하는 습관을 버릴 수밖에 없게 했거든

원래 사건 사물에는 의미가 없었어
그냥 되어 가는 것이었지
그런 어느 날 인민이 인민이 되면서
사건 사물들에게까지 의미를 부여해 의미 있는 사건 사물들
을 창조하다
마침내 창조주까지 창조하기에 이르렀지

문제는 이때부터 시작됐지
자신들이 만든 의미의 정상에 자신들이 매이지 않으면
의미를 만들어 내는 자신들의 행위가 우습게 되기에
솔선수범하여 복종을 의지하면서

만들어진 의미에 복종하는 일을 열심히 하도록 인민의 행동
을 감시했던 것이야
고독한 개인이 창조행위를 하지 못하게 한 짓이지

그러다 보니 개인이 없어졌어
그 자리를 만들어진 가치평가가 대신했으므로
너는 가치가 사물과 다름없어라고
특정인을 지목하는 순간
그 사람을 죽여도 죄를 물을 수조차 없었지

요즘 소수자라고 부르는 사람들이 소수임을 감추고 살 수
밖에 없는 것과는 상대조차 할 수 없는 그런 시대였지
여자는 또 어떻겠어
너희들 우중 잘 알고 있잖아 이야기 좀 해봐

'이젠 시대가 바뀌었어요'라는 말이 여기저기서 나오고 있는
데, 그 말은 저마다가 창조주인 것을 권력자조차 감출 수 없
게 됐다는 뜻이야
전에는 권력자만 선과 악을 창조했는데
이젠 누구나 창조주임을 알게 되자
지배와 복종을 말하는 자는 괴물이라고 부를 수밖에 없는
시대가 된 거야

시대에 뒤떨어진 괴물이 만든 의미체계가 저물고
어중이떠중이라고 불린 인민 모두가 인류로서 하나된 생명
공동체가 되면서
개인 스스로가 삶의 의미가 되는 시대의 새벽이 열리고 있
으니, 축하해!

16. 비로소 이웃도 사랑할 수 있는 자네

아무리 생각해 봐도 자네도 자네가 원하는 자네가 아닌 것
같지, 그리고 그것들이 이웃에게는 있는 것 같고
허나, 자네가 원하는 것이 진짜 자네가 원하는 것일까
짜라두짜 그 자체인 자네는 '떼'가 만들어 놓은 자네다움과
는 본래부터 거리가 멀어
그렇다 보니 이웃을 사랑한다는 것도
자네가 만든 이웃 자네를 사랑한 것
어찌 허무하지 않겠는가
그곳에도 자네인 이웃이 있을 수 없는데.
자네가 창조한 것 같은 자네도 자네가 아닌데

자기도 아닌 것을 자기처럼 여기게 한 권력자들의 기술에
당한 것이지
그러다 보니 자기를 사랑해도 자기를 싫어해도 실상은 자기
로부터 멀어지는 일
자기 소외가 자기의 생각 속에서 가열차게 작용하고 있는
것이니
자기를 사랑하려거든 가장 자기답지 않은 것부터 사랑하는

습관을 들여야 해
아닌 것을 사랑하고 좋아할수록
숭고한 일을 하는 것이거든

환영을 사랑할수록 더욱 숭고한 사랑을 실천하는 것이 되는
아이러니가 우리들의 사랑 아닐까
환영 아닌 것이 어디 있겠어
모든 의미가 환영인데
자네가 자네를 보는 것은 환영을 보는 것 같고
이웃을 보면 실재를 보는 것 같지만
거리가 멀어지는 만큼 환영을 실재로 여기기 쉬울 뿐
실제로 실재는 어디에도 없어
이웃도 의미체계 내에서의 이웃으로 환영이야

착각하지 마
도저히 마주할 수 없는 것 같은 자네의 이미지만이
자네가 만날 수 있는 유일한 자네
자네의 이웃 사랑은
이웃의 나가 자네를 칭찬하고 사랑해 주기를 바라는 짓
해서, 친구에게 그런 말을 듣지 못한다면
하루도 견디기 힘들 것이야
친구가 필요한 이유지

자기가 자기를 칭찬하지 않으면서도
칭찬받기를 원하는 것은 무슨 심보일까
모르는 자기에 대해서는 더 큰 거짓말을 해야만 하겠지
이웃을 사귀고 사랑하려 할 때
서로가 서로에게 광대짓을 할 수밖에 없다는 뜻이야

그래서 '친구를 잘못 사귀어서 성격이 이상해졌다'는 말도
틀린 말이 아니야
확고한 의지를 갖지 못한 이들일수록 성격이 버리게 돼
텅빈 생각의 지도에 다른 사람이 내뿜는 쓰레기를 가득 채
운 결과야
그러면서 그들이 보는 나를 나의 실상이라고 여기게 되는데
그 생각이 커지면 커질수록 자기가 사라지므로
자기를 찾기 위해 여기저기 기웃거리기를 멈출 수 없지

이는 자신을 사랑할 수 있는 능력을 성취해서 스스로 고독
을 택하는 것이 아니라 자기가 없어지는 고독 속에 자신을
가두는 행위를 열심히 하는 것과 같으니
열심히 할수록 모든 짜라두짜가 피해를 보는 일, 허니 이젠
이웃을 사랑하는 척하는 연기를 그만두는 것이 상책 아닐까

연기 속에 있는 자기라는 배역에 빠져들수록
자기로부터 멀어지는 일만 일어나니
연기를 멈추고 땅에 뿌리내리고 있는 땅의 울림과 함께해
그것이 자네 자신이 되는 사랑이야

자네가 스펀지 같은 사람이 될 때
자네 속에 있는 친구인 자네
의미를 창조하고 있는 자네가
그대에게 완전한 세상에서 일어나는 온갖 좋은 일을 맛보게
할 거야
자네 자신이 의미를 창조하는 창조주이니까
맛 없는 것이 있을 수도 없어

가장 가까이 있으면서도
미래가 된 사람이었으며 머나먼 곳에 있는 사람이었으나
이젠 그에게 부여했던 의미가 자네인 줄 알고
만날 수 없을 것 같은 자네
머나먼 곳에만 있을 것 같은 자네가
땅 위의 자네인 줄 알아야
비로소 이웃도 이웃으로 사랑할 수 있어

17. 일곱 층의 자네를 태우길

자네가 진실로 자네로 살고 싶다면
경건하고 단순한 사람들이 섬기는 진리의 터전으로부터 하
루라도 빨리 벗어나야 돼
지금도 이미 자네 속에는 자네로 살 수 없게 하는 진리의 쪼
가리들이 가득해
자네가 자네 삶의 주인이 아니라 주워들은 진리가 자네의
안방을 점령하고 주인 행세를 하고 있다는 것이야
그렇게 지낸 세월이 하도 오래다 보니 자네도 그것이 자네
인 줄 알잖아
'나도 당신들과 같은 생각을 하니 끼워 주세요'라는 말을 기
계처럼 하도록 되어 있는 자네 아닌 자네 말일세

생각 없는 어중이떠중이와 함께하는 것이
비빌 언덕이 있는 것 같아 든든하기는 하지만
스스로 서려고 하는 순간 그 언덕이 자네를 덮쳐 압사시킬
지도 모른다는
소리 없는 협박이 가슴 깊이 새겨진 자넨
높은 곳에 오른 자들과

높은 곳에 오르려는 자들의 발판이 된 것을 영광으로 여길
수 있도록 가슴에 복종을 미덕이라고 새긴 것과 같아
그 글귀를 떼어내지 못하면 자유는 물 건너간 거지

자유란 복종이 미덕이라는 율판을 떼어낸 것이며
스스로가 삶의 이유가 된 것으로
무엇으로부터의 자유보다
스스로가 존재 이유가 되는 것이 더 중요해

허나, 자기도 모르게 복종을 의지하는 자들은
기대는 습속이 너무나 자연스러워
이쪽으로부터 떨어져 나오면 저쪽에 몸을 기대니
진정으로 자유로운 사람은 눈 씻고 찾아도 찾기 어렵지
'내 편이 되는 순간 당신은 자유롭게 됩니다'라는
끊임없이 반복 재생되는 소리 따라 이곳저곳으로 옮겨 다니
느라 바쁘지만 실속은 하나도 없을걸
스스로 서고 스스로가 율법서판이 되지 않는 한
외로움에 사무쳐서 고독한 자기를 살아갈 수 없어 그렇기도
할 거야

비빌 언덕을 벗어난 순간
숭고한 소리가 습속의 틈새를 타고 자네에게 '자네 여기 있

어'라고 말을 하려 하지만
홀로 서야 한다는 두려움에 그 소리를 가짜가 자네를 속이
려 든다고 해석하니
그 소리가 자리를 잡기도 힘들지

그 소리가 자리를 잡아야 자신의 의지로 손잡을 이웃이 생
겨 자유롭게 생명공동체의 일원으로 살아갈 수 있지만, 그
소리가 자리 잡지 못하면 복종하는 자네가 시대의 군중에게
복종하면서 가짜 중의 가짜로 살게 되는 것을 진짜의 자네
인 줄 알 수밖에 없어

쪼가리 진리에 먹힌 시대 군중의 저주를 벗어날 수 없으면
자유는 물 건너간 것
자유가 물 건너갔다기보다는 자유를 저당잡힌 자네가 자네
를 공격하는 것과 마찬가지

제발! 자네를 감싸고 있는 두껍고 두꺼운 일곱 층의 속삭임
에 속지 않도록
속삭이는 일곱 층의 자네들을 태울 수 있어야
창조주로서의 자네가 드러나 자유가 무엇인지 알 수 있으니
복종을 의지하는 자네를 태워 재를 만들고
그 재를 딛고서 창조자의 길을 걷는 고독자가 되길

설령 실패한다 하더라도 넘어서기를 시도했던 자네를

나 짜라두짜는 사랑할 수밖에 없어

18. 어둠이 깃든 시절의 이야기

세상엔 남자도 있고 여자도 있지만
본질부터 남성과 여성을 결정하는 본성은 없어
유전자를 하나만 바꿔도 남자가 여자가 되기도 하고 여자가
남자가 되기도 하지
그런데도 세상은 본질적인 남자와 여자가 있어
생각을 훈련시키면 남자는 여자를 잃고 남자만 되고
여자도 남자를 잃고 여자만 된다는 뜻이야

나 짜라두짜가 어둠이 깔리는 시간에 살금살금 기어나와 걷
던 시절에서는 알 수 없었던 사실이지
짜라두짜도 다 아는 것이 아니야
허나, 어제의 습속을 번개보다 빠르게 바꾸는 능력을
언제 어디서나 발휘하는 것이 짜라두짜이기에
그와 같은 구분이 다 학습된 것에 지나지 않는다는 것을 금
방 알아차렸어

행복도 그래
남자만 스스로 의지하는 것을 행복으로 삼는 것이 아니야

모든 생명들은 다 스스로 의지하는 것을 행복으로 삼아
의지할 수 있기에 살아가는 것이며 살아 있는 것이거든

권력자는 다른 사람의 의지를 권력자의 의지로 바꿀 수 있
는 환경이 생겨나면서 탄생된 것인데
남자와 여자 사이의 권력 관계는 다른 것에 비해 원초적이
라고 할 수 있지
여자뿐만 아니라 다른 이들로 하여금 복종을 의지하게 하는
것이 권력이라는 뜻이야

복종을 의지하는 사람을 만들지 못했다면 권력이라는 의미
도 생겨나지 않았다는 것이지. 그러다 보니 복종하는 자의
본성은 표면과 같게 되었고, 권력자의 속은 알 수가 없는 것
처럼 됐어.
권력에 따라 빛의 속도처럼 변신하지 않으면 살 수 없도록
만들어 놨기에 어중이떠중이들은 졸졸 흐르는 물 속처럼 복
종하는 속내를 훤히 드러내 보일 수밖에 없었다는 것이야.
진짜 속내가 무엇이든 그렇게 보이지 않으면 위험분자로 찍
혀 살아남을 수가 없었거든. 반면 권력자는 쉬이 속을 보이
지 않아도 됐기에 깊은 것처럼 보이는데, 기침 소리만 듣고
서도 그 뜻을 헤아려 일사분란하게 움직이는 복종을 의지하
는 자들이 있었기에 가능한 일이지. 이를 심기를 살핀다고

해. 심기를 살펴 복종의 내용을 다르게 한다는 뜻이야. 생명의 운동에서 보면 말도 되지 않는 일을 하는 것이 지성의 작용이 가장 뛰어났다고 뻐기는 인간 군상의 일상이라니 어둠이 깃든 시절과 무엇이 다를까?

19. 진리라고 떠드는 소음

스스로가 창조자임을 알고 복종을 의지하는 자아를 베고 나면 살모사의 독 따위로는 결코 상처받지 않아. 그때는 살모사의 독조차 쓰임새 있는 사물이 되고 말지.

살모사의 독보다 더한 복종을 의지하는 나를 없애면 권력자가 더이상 그들을 지배할 수 없어, 권력자들은 사람을 넘어선 사람을 도덕의 파괴자라고 이름하면서 인격살인, 아니 초인격살인을 시작하지. 어디서 많이 들어본 소리 같지 않아. 우리도 잘 알듯이 공익제보자들이 겪고 있는 일련의 순서잖아.

그렇다고 섣불리 그들에게 앙갚음하려고 해서도 안 돼, 그들에게는 복종하는 자아로 무장된 어중이떠중이가 너무나 많거든. 그들이 쏘는 독이 자네의 자양분이 되도록 만드는 기술을 갖는 것이 중요해. 그래야만 적들도 자신이 쏟아냈던 독침을 걷어가거든. 쓰임 없는 독침을 쏜 것을 후회하면서. 그렇다고 독침 쏘기를 멈추는 것도 아니야. 다른 독침을 준비하느라 시간이 걸릴 뿐이지.

허니, 자네도 몸에 들어온 독을 되돌려 주는 기술을 끊임없

이 개발해야만 돼

살모사의 독을 쓰는 것은 판단이 자유로운 자네를 죽이고

복종하는 자네가 되도록 하는 것인데

자네 그 자체인 짜라두짜는 이미

사람을 넘어서

살모사의 독을 다시 그들에게 젊잖게 돌려줄 수 있으니

당하고서도 그것을 자신의 탓으로 돌리는 생각 따윈 애초부

터 없을 거야

실상은 자네 그 자체인 짜라두짜에겐 고집하는 진리조차 없

잖아

그러다 보니 진리를 고집하는 자를 만나더라도 자넨 옳음을

말하기보다는

그들에게 '정말 그런 진리가 있습니까? 몰라서 잘못됐습니

다'라고 말하는 것이 옳지 않을까?

자네처럼 흔들림 없는 사람을 만나면 쓸데없는 고집으로 들

떠 있는 이들이 가끔은 부끄러워하기도 하니, 자넨 말도 하

지 않았음에도 이미 고귀한 삶을 그들에게 보여 준 것과 같

거든

자네의 고요함 속에서는 시끄러운 소음조차도 고요해지므

로

진리라고 떠드는 소음에 자네의 고요함이 더해지면 그들은
당황해서 어떻게 할 줄을 모르다가 자네를 돌로 공격할지도
모르니 조심하기는 해야 할 거야

허나 그들의 공격은 제 우물에 침 뱉기요 하늘에 돌 던지기
라, 그 과보가 어디로 가겠어
자넨 고요한 은둔자처럼 있기만 하면 돼
그들도 언제가 은둔자를 건들면
가만있어도 과보는 받게 된다는 것을 알게 될 것이거든

20. 넘어서고 나서 맞게 되는 충만

사랑은

느끼는 것을 넘어 연습이 절대적으로 필요한 영역이야

착각하면 안 돼

느낌이 사랑의 전부인 줄 알아서도 안 돼

연습도 죽을 때까지 이어 가야 하는 연습이야

사랑하는 느낌을 불러오는 사람을 사랑하기 위해서는 그 사
람에 대한 이미지를 내려놓는 연습부터 시작해야 돼. 자네의
이미지대로 사는 사람이면 허수아비와 사는 것과 다를 게
없잖아

자네들

허수아비와 살고 싶어

실상은 누구도 허수아비가 되고 싶지 않아

싸움의 이면은 '나답게 살고 싶어요'라는

감정이 뒷받침되고 있잖아

어떻게 사는 것이 나답게 사는 것일까!

여기에도 정해진 답이 없어

'나답게'라고 정해진 이미지를 따르는 것도 허수아비가 되고

말아

복종하는 미덕도 벗어나야 하지만 홀로설 수 있다는 착각도
벗어나야 돼

나도 변하고 세상도 변하는데 변화와 상응해서 주체적으로
살아본 경험이 없다 보니 막연히 주어진 생각의 틀에 맞춰
사는 것이 나답게 사는 것처럼 느끼고 있는 것이지

이 느낌을 넘어서야 돼

이 이미지를 넘어서야 돼

남녀가 만나 결혼이라는 성스러운 의식을 치른다고 여기는
데, 혼(婚)이라는 글자를 한번 살펴 봐. 여자(女)가 성씨(氏)
를 받는 날(日)이라는 뜻이잖아. 그래서 그런지 아직까지도
결혼을 하면 남편 성씨로 바꾸는 나라가 많더구만. 설령 전
의 성씨를 쓰고 있는 경우라도 이름이 사라지는 경우도 많
아. 여자는 남자의 부족형이라는 말도 되지 않는 무의식적인
사유의 관습이 의미 없이 지금까지 전승되고 있는 것이지.
부족하다 보니 신을 믿는 나라에선 신과의 직접적인 접촉이
불경한 일이 되므로 면사포로 자신의 신체를 가려야만 결혼
식이 행해지는 교회당에 들어갈 수 있다고 하지.

넘어서야 할 인간 군상의 한 모습이지. 이것들을 넘어설 수
있어야, 곧 창조자로서의 결혼을 할 수 있어야 진정한 결혼

이라고 할 수 있으며, 태어날 자녀들도 창조자가 되는 것이
아니겠어.
넘어선 자신이 되지 못했다면 결혼도 복종의 미덕을 실천하
는 일이 되고 복종을 상속하는 일로 자녀를 갖게 되고 마니,
싸구려 영혼이 결합해 더 싸진 자녀를 낳는 일을 계속해서
야 되겠어

우선 사랑을 배우고 연습을 지속하는 과정에서
사랑의 쓴잔을 마실 준비를 해야
자신을 넘어서면서
이미지에 갇힌 사랑을 하지 않을 수 있고
온전히 그 사람을 있는 그대로 존중할 수 있어야
사랑한다는 말을 쓸 수 있다는 것이야

'제발 이것만 고쳐 줘'라는 절망 어린 요구도 결코 충족될 수
없는 것이
자기를 넘어서지 못한 사람들끼리의 사랑이니
심연에서 올라오는 바람의 욕구를 일초라도 빨리 알아차리
고 바람의 방향을 바꾸어야 해
어떻게?
'그럼에도 불구하고 당신을 좋아해'라는 생각길로 생각이라
는 차를 운전해야 한다는 것이야

자기를 넘어서는 운전자가 되어야만 창조자로서의 사랑이
되는 것이니 한편으론 서글프기도 하지만 넘어서고 나서 맞
게 되는 충만이 사랑이라고 말할 수 있는 사랑 아니겠어

21. 찰나마다 빛나는 삶

이제 넘어서기의 마지막 걸음을 이야기할 때가 됐군
죽음이야

실제로는 매일매일 어제를 죽이면서 오늘을 살고 있지만 오늘을 어제의 연장선으로 생각하고 오늘을 내일로 연장하기를 기대하면서, 경험하지 못한 내일이 혹시 오지 않을까 하는 불안으로 오늘을 살다 보니, 사는 일이 불안을 동반하는 일이 되고 말았어.

어제의 죽음을 축하하면서 오늘을 축제처럼 불안 없이 맞이할 수 있는 것은 죽음을 승리로 받아들이면서 매 순간을 완성시키는 사람만이 할 수 있는 일이니 쉬운 일은 아니지. 그렇게 하는 것이 창조자로서의 삶과 죽음이야. 죽음을 통해 삶을 창조하는 능력자여야 당당한 오늘을 살 수 있고, 죽음의 내일이 불안하지 않아 두려움 없이 성큼 다가갈 수 있다는 것이지.

죽음을 맞이하는 태도가 자신의 어제와 오늘 그리고 내일을 스스로 창조하면서 살아왔는지, 벌레 먹는 어제를 내일로 연장하려고 기를 쓰면서 살아왔는지를 알 수 있어.

죽음을 갈망하는 것 또한 부질없는 일이야. 창조자로서의 짜라두짜인 자네는 언제나 죽음 위에 삶을 우뚝 세운 것이니.

죽음을 갈망하는 것 또한 자기 삶을 찌르는 기능만을 하는 가시를 튼튼하게 기르는 것이며, 가시에 찔린 곳마다 아물지 않는 상처로 창조된 오늘을 서서히 죽여가는 기술을 익히는 일이니, '아니오'라고 말할 수 있어야 돼.
아닌 것에도 '예'라고 대답해야 된다고 배웠던 어제를 도려내고 '아니오'라고 말할 수 있어야, 창조자로서의 자유를 실현하는 삶을 사는 것이야.

자유를 실현하는 삶이란 수평선 너머로 사라지는 태양의 빛이 장엄하면서도 가슴 따뜻하게 하듯
힘차게 솟아오르는 태양이 오늘을 뭉클하게 하듯
삶과 죽음을 관통하는 자유를 만끽하는 삶
순간순간을 자유롭게 죽이면서 순간순간 새로운 삶을 창조하는 삶
따뜻하게 세상을 감싸는 노을빛처럼 그대 자체인 짜라두짜는 자유라는 미덕을 빛으로 남기면서 새로운 내일의 빛을 맞이하니 찰나마다 빛나는 삶이 되는 것, 이것이 삶과 죽음을 축제로 맞이하는 창조자의 자유.

땅을 벗하며 살아가는 모든 생명체가 사랑하는 방법이 그래. 땅이 펼치는 창조 행위와 공명하는 것이지. 생명의 황금빛을 주고받는 행위가 삶과 죽음이라는 것이야.

안녕! 또 만나.

22. 베풂의 언덕

죽음을 자유롭게 맞이할 수 있는 능력과 징표도 어제를 비우는 능력이야. 그냥 비우는 것 같지만 실상은 얼룩 암소인 땅처럼 생명의 영혼을 빛나게 하는 비움이지. 창조자의 능력은 쓸모가 없는 데서도 빛나야 돼.

어려운 말인 것 같아도 별것 아니야. 쓸모가 있는 것들을 창고에 가득 쌓는 일이 실제로는 새로운 날들을 죽는 날로 만드는 어두움의 그림자를 짙게 한다는 뜻이야.

오늘이 어제와 같을 수 없는데 어제의 것이 오늘에 무슨 쓸모가 있겠어. 오늘의 일을 오늘 새로 창조하고, 쓸모없는 창조물을 내일까지 가져가지 않아야 어둠의 그림자가 걷히고 빛이 난다는 것이지.

쓸모 있는 것들을 쌓고 쌓는 일은 창조 능력을 퇴화시키는 일이니, 부디 그것들을 치우는 일이 창조하는 일이 되도록 쌓을 선물들을 갈구하지 않기를.

좋은 선물은 내 손을 자유롭게 하는 것이어야 돼. 자칫하면 선물을 갖고 있으면서 발을 헛디디게 돼도 어찌해 볼 수 없어서야 되겠어. 겨울산을 봐, 잎 하나 없는 나무들도 의연한 모습으로 겨울을 보내고 있잖아.

겨울을 보내는 것이 아니라 새로운 선물을 준비하는 것이지. 너, 짜라두짜가 매일매일 해왔던 일이잖아, 무얼 망설여. 제발 갈구하지 말기를, 그래서 순간순간의 삶이 선물이 되기를!

베푼다는 것은 '손안에 머물러 있는 가치'를 도둑질해 없애는 일, 얼마나 건강하고 신성한 일인가. 쓸모없다고 여긴 순간 아무리 어중이떠중이라고 하더라도 그것을 뺏기지 않으려고 몸부림치는 일이 없어. 베풂 그 자체가 두 손을 자유롭게 하면서 생명의 율동과 공명하는 일이니 가치 있는 일이요 신성한 일이지. 신성하고 가치 있는 일이야말로 생명을 건강하게 하는 일 아니겠어.

하여, 나 짜라두짜는 모든 가치를 훔쳐내는 도둑이 될 수밖에 없었어. 건강한 이기심이 치성하게 작동하고 있는 일이야. 그런데 한눈팔면 훔쳐 숨기면서 생명을 갉아먹는 벌레를 키우는 이기심을 가치 있고 건강한 일이라고 착각하게 되니 조심해야 돼.

그것은 죽음에 자유롭지 못한 곳으로 퇴화하는 일이야. 가진 것이 많으니 죽기가 얼마나 억울하겠어. 창조는 비우는 데서 나오는 것인데, 곳간을 채우면서 창조를 가두는 일이야말로 가장 비참한 죽음인 줄 모르는 이들이 도리어 자신의 자유로운 삶을 도둑질하고 만 것이니 슬프기도 하고.

자신의 삶을 도둑질당한 몸은 도둑이 묶어 놓은 밧줄로부터 벗어나기 위해 안간힘을 쓸 수밖에 없는 고단한 삶 '넘어서려는 의지'가 '멈추려는 의지'를 넘어서려 하니 얼마나 힘들겠어. 그래서 그러한 몸짓을 숭고한 마음이라고 불러.

숭고한 마음이 따로 있는 것이 아니라, 너 창조자 짜라두짜가 새로운 마음 길을 열려는 것이 숭고하다는 것이야. 몸이면서 마음이며 마음이면서 몸인 영혼이 더이상 물러설 수 없을 때까지 퇴화되고 퇴화되다 더이상 퇴화될 수조차 없을 때 비움을 위한 전투, 곧 쓸모 있는 것들을 치우는 숭고한 전투가 시작된다는 뜻이야.

넘어선다는 것은 쓸모 있다는 이미지를 내려놓는 일이야. 쓸모 있는 것에 붙여 놓은 이름에서 의미를 찾는 일을 멈추고, 쓸모없다는 이미지가 새롭게 만들어져야 몸도 정신도 고양되고 배반하지 않는 기쁨도 찾아올 수 있으니 다른 수가 없잖아.

배반하지 않는 기쁨은 순간순간 빈 마음이라는 역을 만들어 가치를 갖는 사건들을 출발시키므로, 한번도 정체될 수 없어. 그래서 나 짜라두짜는 이 마음이 쓸모없는 것을 빛나게 하면서 존재 자체를 충만하게 한다고 이야기하지.

쓸모없는 것과 쓸모없는 자리를 빛나게 해서 가치를 새롭게 만들어 가는 자는 스스로에게는 축복이지만, 다른 사람들에게는 위험한 자로 비치기도 하니 조심해야 될 거야. 쓸모 있는 것들을 잔뜩 갖고 있으면서 죽어가는 이들은, 갖고 있는 것을 내려놓으면 죽는다고 착각하고 있기에 자네에게 기를 쓰고 덤벼들 수도 있거든.
실상은 덤벼드는 사람들이 있어야 자네의 미덕이 넘쳐나고 있다는 것이 증명된다는 것을 자넨 이미 알고 있을 테니 일부러 참으려고 의지하지 않아도 될 거야.

새로 탄생된 것과 같은 자네의 미덕이 황금빛 태양이 되어
세상의 모든 쓸모없는 것들을 빛나게 하니
쓸모없는 경멸도 자네에겐 칭찬하는 소리로 들리겠지
하여, 이 말이 필요하지 않겠지만, 그래도
'힘내, 너 짜라두짜!' 라고 말하고 싶어

힘을 내서
땅에 충성해야 하는 미덕을 계속해서 설파해 줘
하늘을 섬기는 미덕이야말로 헛된 꿈을 꾸는 일이며

땅의 미덕을 빼앗아 간다는 이야기를

땅이야말로 의미의 중심이며 미덕의 창고이므로
땅을 벗어나려는 의지는
필연적으로 정신을 실종시키고
무지가 의미가 되게 하니
다툼만이 의지를 표하는 유일한 수단인 양 작동한다는 것을

자넨 땅의 미덕과 의미를 섬기기 위한 창조적 파괴자가 되어야 하고, 땅의 소리에 귀를 기울이는 일을 쉬지 않아야 해. 땅에 귀를 기울이는 일로부터 복된 소리가 들릴 거야. 하늘을 섬겨서는 결코 들을 수 없는 참된 미덕의 소리지.
뜻을 같이하는 이들이 하나둘 생겨나다 초인이 생겨나면 땅의 미덕이 풀어낸 향기가 진동할 것이고, 심신을 회복하게 하는 그 향기가 오늘만이 희망이 된 날이라고 말해 줄 것이야.

그날이 오면!
자네 혼자서 대지의 향기를 품고 풍기는 자태가 될지니 그땐 혼자 걷도록 해.
그런 자넨 걸음걸이마다 자존감이라는 향기를 풍기니 다시는 하늘 따위를 섬기는 일을 하지 않을 것이며, 섬기기를 권

하는 친구와는 확실하게 작별할 수 있다는 강단도 생겨났을 거야. 그런 강단이라면 적들도 친구로 대할 수 있지. 적은 자네의 자존감에 무릎 꿇지 않는 자존감이거든. 그런 이들을 적으로 둔다는 것은 좋은 일이고 축복받을 일 아니겠어.

복종의 미덕을 배우고 가르치는 선생과 친구와는 하루 빨리 헤어져. 그들과 가까이하는 것은 해서는 안 될 일 가운데 가장 몹쓸 짓이야.
하늘의 이미지로 세워진 동상에 깔려 죽는 일밖에 남지 않은 삶은 하루라도 빨리 때려치우는 것이 좋지 않겠어

짜라두짜는 믿음을 강요하지 않아
그런데도 믿고 싶다면 자넨 죽음의 길로 들어선 것
살고 싶거든 짜라두짜를 찾지 말고 자네를 살아
짜라두짜조차 부정되어야 자네의 걸음걸이가 시작되니
제발 믿는다는 일을 그만둬

친구가 되지 못한 믿음은
태양빛 아래 있으면서도 그림자로 뒤덮여 있는 삶
갈 곳 잃은 눈동자만 번들거리다가 죽음의 손을 의심 없이 잡게 되니
믿음의 반대말은 불신이 아니라 의심하는 일이라는 것을 잊

지 마

하늘을 쳐다보다 눈이 멀어 발걸음을 옮길 수 없게 될 때

자네를 위한답시고 손을 잡고서 끌어주나

그곳은 자네의 눈을 아예 못 쓰게 만드는 곳이라는 뜻이야

제발!

밑을 봐, 그리고 내려가

내려가는 일이 초인의 발걸음이야

올려다볼 것이 아니야

태양은

초인의 길을 밝히는 조형물이야

자네의 마지막 의지는 자네여야 해

2부

23. 풀밭 같은 부드러움을 키워 가길

다시 산으로 올라가 오랜 시간 고독한 상태에서 지혜를 증
장시킨 짜라두짜

안팎이 구별되지 않는 지혜의 신체가 되자
더이상 고독한 생활을 보낼 수가 없다는 것을
꿈이 예시했지
꿈에 거울을 가진 아이가 나타나
나 짜라두짜에게 얼굴을 보게 했는데
아뿔사
악마가 나를 보고 비웃으며 얼굴을 찌푸리고 있는 것이 아
닌가!

짜라두짜의 제자라고 해도 원래 하늘을 섬기는 이들이라
짜라두짜 없는 동안에 짜라두짜를 섬기려는 일이 벌어진 것
이 틀림없다는 예시였지
놀라 깨어났고
다시 내려갈 때가 됐다는 신호라는 것도 알았어

꿰뚫어 보는 능력을 가진 독수리와 보이지 않는 곳을 찾아
기어코 무엇인지를 알아내는 활동을 하는 지혜로운 뱀도 함
께 놀랐어

안팎으로 가득 찬 지혜의 빛이
솟아오른 아침햇살과 어울려 행복한 아침이었는데
아침햇살에 어울리는 지혜를 골짜기 가득 차게 해야 할 때
가 됐으니
이젠 침묵이 더이상 금이 아닌 때가 된 거지
지혜의 말을 계곡물처럼 쏟아낼 수 있는 고요한 호수가
새 길을 낼 때도 됐다는 뜻이야

묶어 둔 고삐를 풀어주자 기뻐 날뛰는 짐승처럼
산을 내려가야 할 시기가 되자
지혜도 날뛰기 시작했어
질풍처럼 달리는 지혜의 폭풍이어야
적과 친구들이 기다리고 있는 행복이 가득한 섬으로 쏜살같
이 갈 수 있고
거친 지혜로움이어야
적이라고 해서 천천히 질려 죽게 만드는 것이 아니라
존중하는 뜻으로
단숨에 물리칠 수 있거든

친구들은 말해 무엇해, 바로 알아듣게 해야지

산에서 지혜를 잉태하는 동안
지혜의 싹이 자라지 못해 사막이 된 곳에
다시 지혜가 자랄 수 있는 비를 내려야 해, 먼저
우박과 소낙비를 꽐꽐 쏟아 사막의 모래 자갈을 밀어내고
그 속에서 숨죽이고 때를 기다리고 있는 연약한 싹들을 흠
뻑 적셔 뿌리를 튼튼하게 내리게 해야 돼
뿌리가 튼튼하지 못해
땅의 미덕을 본받지 못하고 하늘만을 향했다가는
사막보다 못한 삶을 살 수가 있거든
나의 지혜가 쏟아붓는 물길을 벗 삼아 자네의 짜라두짜도
잘 자라기를
짜라두짜야말로 지혜를 낳는 소중한 상속자 아니겠어

사막을 이겨내고 풀밭 같은 부드러움을 키워 가는 자네의
가슴이 지혜의 숲으로 채워지기까지
노고를 아끼지 않는 나는 자네의 친구
친구!
부디 지혜를 전승하는 창조자가 되기를!

24. 미풍을 맞이하는 쪽문을 열기를

인간도 발명된 것인데 하물며 신은 말할 필요조차 없지
어느 날 인간 의지의 경향성이 갑자기 바뀌게 됐는데
사람들은 이것을 인지 시스템에 혁명이 일어났다고 말해
혁명이 일어나기는 났는데 거꾸로 혁명이 일어난 것 같아

잔잔한 바람을 타고 땅의 미덕이 무화과를 키우고
다 큰 무화과가 바람에 자신의 향기를 실어 나르는 풍요로
운 어느 날 오후
향기에 취한 사람들이 갑자기
'오! 신이시여 감사합니다'를 외치기 시작하면서
땅의 미덕을 잃게 됐다는 이야기야

자넨 그러지 마
향기가 코를 스칠 때마다
'오! 초인이여'라고 외쳐
발명된 인간 의지를 넘어선 인간이 되자는 외침이 필요해

발명된 사람이나 신은 짐작된 흐릿함

허나, 인간을 넘어선 인간은 스스로 창조자의 의지로 분명한 것만을 이야기하지
땅의 미덕, 얼마나 분명한 이야기야!

자넨 창조할 수 없는 것을 짐작하고 그것이 무엇을 의지한다고 하지만, 그것 자체가 자네의 의지 아닌가! 복종의 의지 말일세. 그러지 마, 초인이 되기를 의지하는 것이 옳아. 초인은 짐작이 아니야. 자네가 자네를 의지하는 것이 초인으로서의 자네야. 그건 짐작일 수 없잖아.

짐작이 아니긴 하지만 자네 스스로 짐작을 넘어서기는 어려울 거야, 복종의 미덕과 복종의 의지가 자네 안에 너무 튼튼하게 또아리를 틀고 앉아 있어 자네 스스로 이것이 아닌데 하면서도 주저주저하게 만들기에 그렇다는 것이야.
그렇기는 해도 초인을 의지하도록 이야기는 할 수 있으니 초인을 의지하는 가르침을 펼쳐보도록. 그러다 보면 그것이 자네의 의지가 되고 짐작인 하늘을 넘어서기도 하겠지.
자네가 짐작하는 것은 자네가 창조한 것이잖아. 왜 그것에 다시 매여 자신의 느낌과 의지를 자네 것이 아니라고 해. 거듭 말하지만 세상은 자네의 의지가 창조한 것이야. 자네가 이 사실을 아는 것이 초인이 되는 것이면서 자네의 삶이 진실로 자네의 행복이 되는 것이야.

제발 뒤집혀진 의지에 지배받지 마. 그곳에서는 결코 평안해질 수도 행복해질 수도 없어. 경험하는 땅의 미덕을 등지고 짐작된 미덕을 찾으려 하니 힘만 들 뿐. 짐작된 미덕의 세계에서는 잡히는 미덕이 있을 수 없어 어느 날부턴가 완전히 '복종하는 미덕과 의지'가 자기가 된 '거꾸로의 자기'를 자기로 여길 뿐만 아니라 그렇게 해서 미덕과 의지를 얻게 됐다는 자기합리화가 자기의 거울상이 될 거야. 그렇게 생각하지 않으면 견딜 수가 없거든.

변하는 땅의 덕에 따라 온갖 삶이 있다는 것을 왜 보고도 못 믿어, 변하지 않는다면 의지할 것도 없지.

하늘을 쳐다보다 어지럼증이 생긴 시인들이 변하지 않는 것이야말로 존재의 미덕이라고 떠들기 시작하면서 변하는 땅과 인간을 혐오하기 시작한 것.

어지럼증이 멈춰야 하는데

그것이 쉽지 않은 것은 거짓말에 복종하는 의지가 자네의 의지가 됐다는 것이지.

지금이라도 변하는 땅의 미덕과 친해져 봐. 그때 자네와도 친해지면서 인간을 혐오하고 짐작된 신을 섬기는 일이 뒤집혀진 의지라는 걸 알게 될 것이야.

의지를 탈바꿈하는 일이 무엇보다 우선되어야 하지만 이 일은 자신을 죽이고 다시 태어나는 일과 같아 쉽지가 않지. '죽지 않으려는 것이 죽으려는 것과 같고 죽으려는 것이 살아

나는 것과 같다'는 말이 뜻을 갖게 된 것도 이 때문일 거야. 자네 살고 싶어, 그럼 먼저 죽어!라는 말이 옳은 말이 됐다는 것이지.

죽어야 할 일이 한두 번이 아니니 어떤 사람은 작은 깨달음이 수십 번 일어났고 큰 깨달음은 한 번 일어났다고 이야기했겠지.

자신을 의지해, 그리하여 고통 속에 갇혀 있는 자네의 느낌을 구원해. 이런 의지가 자네를 찾아올 때 그 의지가 자네를 해방시켜 기쁨을 가져다주는 존재가 될 거야. 갇혀 있는 자네의 느낌을 해방시키는 의지가 자유로운 자네를 만드는 것과 같다는 것을 잊지 마. 이 말이 내가 하고 싶은 말이야.

돌덩이를 깨서 형상을 만들 듯, 단단하게 자네를 감싸고 있는 '자네가 짐작의 피조물'이라는 꿈을 깨. 자네의 느낌을 해방시키는 것이 초인의 일이면서 자네가 '넘어선 인간'이 되는 길이야.

신에서 의미를 찾지 말게. 짐작된 신들에게 무슨 의미가 있겠는가?

부디! 자네에게
자네의 삶을 부드럽고 가볍게 하는
소리를 들을 수 있게
자네의 쪽문을 슬며시 열 수 있는 용기가 있기를!

25. 연민을 넘어서길

'깬' 사람들은 모든 것에 대한 의미를 자신이 만들어 내고 있다는 것을 알며, 의미를 만들어 내는 토양이 의존적이라는 것도 알지. 자신의 의미지만 자신만의 것이 아니며 자신만의 것이 아니지만 자신의 의미가 되는 것이 자신의 세상이라는 뜻이야. 사람은 이러한 사실에 밝게 깨어 있어야 하는데, 쉽지 않은 일이지.

사람들이 나 짜라두짜를 헐뜯으면서 하는 말, '짜라두짜는 사람들 사이를 짐승 사이 다니듯 한다'는 말이 이 사실을 명징하게 보여주고 있어. 부끄러운 일이야. 부끄러운 말을 하면서도 부끄러운 줄 모르는 것은 더욱 부끄러운 일이고.

아! 인간의 부끄러운 역사!라고 한탄하고 있으려니,

나 또한 부끄러운 사람이 되어 부끄러움을 연민하게 될까 두려워.

'짜라두짜 정신차려'라는 필요 없는 말을 하게 될까 봐.

연민은 부끄러움을 감추는 장치야. 그렇지 않고는 자신의 부끄러움을 견디기가 쉽지 않거든. 스스로 즐겁게 사는 법을 배우기도 전에 몸에 익은 연민이 다른 사람에게 해를 끼치는 창이 되니, 연민하는 마음을 쓰기 위해 머리를 굴리지

마. 머리를 굴리기도 전에 이미 나와 버린 연민의 표정이 다른 사람의 자존감에 상처를 주거든. 상처받은 자존심이라는 무기가 있어 그나마 견딜 수 있고 깨어날 수도 있으니 손해인 것만도 아니지만, 이 무기를 잘못 쓰면 좀팽이 같은 사람이 될 수도 있으니 조심해. 상처 주는 말보다 더 깊숙이서 자신의 삶을 송두리째 갉아먹고 있는 것과 같은 궤양인 좀팽이 같은 생각에 빠져 살다 보면 어느샌가 돌이킬 수 없을 정도로 몸이 썩어나거든. 허나, 그 속을 알 수 없어 자신의 몸이 썩어나고 있는 동안에도 그렇게 살고 있겠지.

자신도 자신의 속을 알 수 없는데 다른 사람의 속인들 알 수 있겠어. 좀팽이 같은 생각으로 이런저런 판단을 하는 것보다 침묵하는 것이 낫다는 말이지만, 스멀스멀 올라와 입속에서 근질거리는 말을 참을 수 있겠어. 참는 방법으로 무관심을 택하면 쉽기는 하겠지만, 깬 사람들이 하는 것을 보면 무관심은 싫어하는 것보다 못하지. 무관심으로 자기 자신을 대하는 것은 좀팽이 같은 생각이 활개 치게 하는 일이야. 팽팽하게 살아 있는 것 같고 팔딱팔딱 뛰고 있는 생각 같지만 실제로는 좀팽이 같은 생각이 활개 치도록 하는 것은 자신에게 범하는 가장 큰 잘못. 누구한테도 용서받지 못할 일이야. 깨어나기 전까지는.

깬 사람들은 좀팽이 같은 생각에 기반한 연민이나 용서를 넘어선 사랑을 하지. 생각을 넘어서는 일만큼 큰 사랑이 있겠어. 창조자로서 하루하루를 사는 것이야말로 연민을 넘어선 사랑으로 자신의 세계를 만들어 사는 것.

좀팽이 같은 생각을 버리는 것은 겨울을 준비하는 나무가 이파리를 내치듯 하는 것이야. 내쳐진 이파리는 나무의 뿌리를 튼튼하게 하고 거름이 되어 새로 자라날 자신의 후계자를 튼튼하게 하면서 자신을 이어 가잖아!

새로운 이파리와 같은 창조를 위해 자신을 사랑으로 바치는 것이지.

혹독한 겨울나기와 같은 창조의 원동력인 생각 내려놓기를 쉬지 말기를!

26. 시체처럼 살지 않으려면

성직자가 옆을 지나가거든 절대 아는 척해서는 안 돼, 그보
다 더한 부정 타는 일이 없거든
조용히 살금살금 지나가
그들의 겸손에 머리 숙이는 순간 자넨 죄인이 되는 것이야
아무 죄도 없는 사람을 본래부터 죄인이라고 설득하기 위해
자신도 죄인인 척하면서
겸손하기를 무기로 쓰고 있는 것이니
그들을 불쌍히 여기고
없는 사람 곁을 지나듯 지나쳐야 돼

죄인인 척하다가 진짜 죄인이 되고 말았으나
그를 따르는 이들에게 겸손한 인도자 운운하는 소리를 듣다
보니 빼도 박도 못하게 된 것이지. 불쌍하기 짝이 없는 행위
를 하면서도 그것에 자신조차 철저하게 속고 있으므로 다른
사람이 보기에는 진짜 같거든

자신이 쓴 수법에 걸려든 것이니 구원받아야 할 자는 인도
자라는 탈을 쓴 그 자들이나, 그릇된 가치와 가르침이 구석

구석 박혀 있어 그와 접속하는 순간 끔찍한 운명이 소리 없
이 자네의 삶에 자리 잡게 될 수밖에 없어
제발! 이들이 내쉬는 숨결에 오염되지 않기를!
그들이 하는 일이란 영혼을 자유롭게 한다는 거짓말로 퀴퀴
한 냄새가 진동하는 골방에 사람들을 처넣고 발조차 마음대
로 펼 수 없게 하는 것
제멋대로 걷다 보면 그네들이 뿜어낸 냄새의 중독을 벗어나
는 일이 일어날 수도 있어 무릎으로 걷는 것조차 뜻대로 할
수 없게 만드는 것이지

만들어진 죄를 받아들이는 순간
죽은 몸과 마찬가지
벗어날 길은 죽음밖에 없어 죽음의 설교를 받아들이고 있으
나
그들의 설교는 시체처럼 사는 것이 잘 산다는 것이니, 원!
시체는 생각이 없거든

하니, 자네가 생각 없이 생각이라는 것을 하는 순간
그들이 설교한 음울한 죽음의 향기가 스멀스멀 스며들며
발밑부터 썩은 물이 차오르게 돼도
죽기 전에는 벗어날 수 없어, 한데도
죽기 전까지 숨을 쉬는 구멍마다 허깨비 구원자의 숨결이

드나들기에 그나마 살 수 있게 됐다고 여기면서, 그렇게라도 살 수 있는 것이 축복인 양, '구원자의 숨결이 없었으면 어떻게 살 수 있었겠어요. 오! 당신의 은혜에 경복합니다'라는 기도 소리가 저절로 나오지. 이런 삶은 신체가 결박당한 것과 같으니 구원받기는 구원받아야지

구원받는다는 것은 헛소리와 과감하게 결별하는 것이야. 왜냐하면 불길 위를 걷는 능력이 있다고 해도 그것이 당신을 구원하는 것이 아니며 그 능력이 밥을 먹고 소화하는 능력보다 위대한 것도 아니기 때문이야. 벌거벗은 모습을 보면 그 또한 복종하는 의지를 길러 복종을 미덕으로 삼는 사람, 그 사람의 입에서 나온 소리는 뻔하잖아! '복종하세요, 그러면 구원을 얻을 것이오'라는 헛소리밖에 더 있겠어

제발! 그들처럼 복종하는 인간이 되지 않기를!
벗어나려는 뜨거운 열망과 속지 않는 차가운 머리로 지금의 자네를 넘어서기를!

27. 모래톱에 새긴 새로운 소식

쟁기로 자네의 머리와 가슴을 한번 헤집어 보고 싶어. 날카로운 쟁기날로 자네의 영혼을 뿌리째 헤집는 것이 초인의 자비거든! 뒤집어 놓고 보면 진실과 거짓이 드러나겠지만, 미덕을 가졌다는 사람들은 언제 그랬냐는 듯이 뒤집혀진 거짓으로 다시 뒤집는 기술이 뛰어나니, 한눈팔면 초인의 자비도 헛수고가 되겠지.

예민하게 깨어 있지 못해 너인 짜라두짜의 부드럽기 짝이 없는 소리를 들을 수 없어 스스로 죄인이 된 우울한 자네, 정신이 졸고 있는 것과 같은 자네에겐 천둥 같은 목소리로 불꽃같은 이야기를 해도 들릴까 말까 하겠지.

자네의 마음에는 갖가지 생각길이 지도처럼 작성되어 있는데, 부드럽게 속삭이는 지혜의 길만 잡초가 무성해, 자세히 살펴보지 않으면 찾을 수가 없으니 서글픈 일이지.
그러다 보니 상을 받는다고 하는 일마다 벌받는 길을 강화하는 일이 되고 마니, 제발! 뒤집혀진 상과 벌의 인식체계에서 벗어나 봐. 하기야 자네들의 마음밭이 굳은 흙덩이가 돼 지혜의 싹을 틔울 수 없으니 진실과 거짓을 구별할 수나 있겠어. 상과 벌을 아는 순수한 지성이 벌받는 쪽으로만 작용하도록 지도의 나침반이 조작되어 있으니
죽음에 대한 열망에 보상이라는 허울을 입혀 놨으니 그럴 만도 하겠지.

바람 없이 베풀고 있는 순수한 사랑의 징표인 부모의 사랑도 온전한 사랑이 되기 위해서는 보상을 원해서는 안 돼. 자식이 잘되는 것으로도 보상을 대신해서는 안 된다는 뜻이야. 순수하지 못하잖아. 사랑 그 자체가 보상이잖아. 사랑하는 마음만이 순수한 자네가 된다는 것이지. 자신이 하는 일만이 자신이 되니 그 일의 대가(代價)가 자네를 평가한다면 자넨 자유로운 의지를 실현한다고 할 수 없어. 심하게 말하면 노예를 의지하면서 자유를 지향한다는 모순 속에 사는 것에 지나지 않는다는 뜻이야.

순수한 미덕의 빛은 자네가 하는 하나하나의 의지와 실천이 자네가 되는 것이지. 이것은 무엇으로도 평가받을 일이 아니야. 그러다 보면 잠잘 때조차 빛나는 자네가 될지니 안팎이 하나 된 진실 아니겠어.
평가받으려는 인식체계로부터 하루빨리 벗어나. 그러지 못하면 자넨 안팎으로 매 맞는 것을 자신의 의지라고 합리화

하면서, 평가의 미덕을 실천하는 것을 미덕이라고 굳게 믿게
돼. 그렇게 되면 '제가 매 맞는 것은 죄 많은 존재여서 당연한
일이니 제발 채찍질해서라도 저를 사람으로 만들어 주세요'
라고 두손 모아 비는 행위밖에 할 수 없어. 자유로 가는 길을
막는 제동장치를 미덕을 실천하는 일이라고 굳게 믿는 보상
이지.
그런 믿음을 숭고한 미덕이라고 여기저기 떠벌리고 다니면
서,
합리화된 자기 정당성을 인정받으려고 몸부림치면서,
자기 정당화에 동조하지 않는 사람들에게 저주를 퍼부으면
서,
하루의 일과를 분노로 마치는 일을 하면서,
은혜받은 인생이며 정의가 실현된다고 하는 사람들이 보이
거든 그 옆으로 가지 않는 것만이 상책이야.

이 사람들은 교만하고 무례한 일이 세상을 구원하는 일이라
고 여기기에 그들에게 가까이 가면 갈수록 스스로 교만해지
고 무례해지지 않는 이상 느닷없는 저주를 받게 돼
드러나는 말로는 '구원받으세요'이지만 속말은 '너 그러다가
지옥 간다'거든
어이없는 일이지
자신의 삶이 실현되는 자유를 저당잡히기 위해 스스로 '무릎

끓는 미덕'을 찬양하나

이들에게 남는 것은 미덕이라고는 찾아볼 수 없는 무례함

허니, 이들이 없는 곳에서만 상호존중의 예도 향기를 떨치고

교만 없는 미덕도 실현될 거야.

이들은 교만과 무례가 가득찬 사악한 눈으로 선과 악을 나누지. 어처구니없는 일이야. 이들 눈에는 거짓만이 진실이며 사악만이 미덕이며 무례만이 삶의 활력소가 되니, 나 짜라두짜가 넌더리를 치지 않을 수 있겠어. 무릇 끓는 자아를 참된 자아라고 하는 말을 들어서는 안 돼. 자네의 의지가 의지한 것조차 복종의 의지로 만들어진 것이니, 어디에 자네의 삶이 있겠어.

바람 없이 베푼 부모의 사랑만이 자네의 의지를 자유롭게 하듯 제 의지여야만 자네가 실천하는 일마다 진실된 자네를 표출해.

잊지 마, 바람 없이 하는 것만이 자유를 담보한다는 것을.

그 밖의 것들은 모래사장에 쓴 각오와 같아. 파도가 한 번 세차게 몰려오면 흔적조차 찾을 수 없는 미덕이야. 합리화하는 기술이 뛰어난 이들이 와서 새로운 소식이라고 다시 모래에 써 주면서 위로와 위안을 느끼게 하나, 그것은 끊임없이 되풀이되는 허무. 당신의 가슴을 텅 비게 해놓고 쓸데없는 잡

동사니로 채우는 일. 바로 그만두어야 해. 그것이 미덕을 실천하고 삶의 길을 견고히 하는 것이야. 결코 파도 따위에 휩쓸려가지 않는 미덕은 바람 없이 베푼 땅의 신비. 이 신비가 자네의 신체에 스며들도록 해. 자유의 미덕이야.

28. 샘물을 찾는 능력

실제로 생각이라는 것을 해본 적도 없는 이들을 나는 어중이떠중이라고 불러. 생각을 한다고 하면서 실제로는 다른 사람의 생각길을 막고 있는 권력자, 지식인, 쾌락추구인, 이들도 어중이떠중이. 이들은 허공을 움켜쥐고서는 무언가를 얻었다고 속여 땅속에서 솟아나는 기쁨의 샘물을 맛보지 못하게 하는 일을 기쁨으로 삼아. 이들은 말하지, 땅에서 솟아나는 것은 진실한 기쁨이 아니라고. 이들 말을 듣다 보면 땅의 기쁨도 독을 발하는 샘처럼 되고 말아. 하늘의 허무를 감추기 위해 땅을 독으로 보도록 하는 것이지.

멀쩡한 샘물에 독을 푸는 능력자들이 어중이떠중이이면서 멀쩡한 사람들까지 목마르게 해서 어중이떠중이가 되게 하니, 그들이 손대는 것과 그들이 말하는 모든 것들은 생기를 잃고 시들해지지. 시들해지고 목말라야 '나를 구원해 주세요'라고 외칠 수 있거든. 삶터를 그렇게 만드는 것이 그들이며, 그런 자들이 판을 치는 것이 세상이니, 나 짜라두짜 어쩔 수 없이 세상을 등질 수밖에 없기도 했지. 나만 그랬겠어. 어중이떠중이가 오지 않는 사막과 깊은 산속에서 땅이 주는 샘물을 마음껏 맛보기까지 갈증을 견딘 자들이 생각보다 많을 수밖에 없다는 것이야.

솟아나는 샘물의 기쁨을 맛보고서 한숨 돌렸지만 '세상은 왜 어중이떠중이로 가득한가'라는 생각을 하게 되면 다시 숨이 턱턱 막혔고, 샘에 독을 푸는 방법을 생각하면서 나도 생각이라는 것을 한다고 주장하는 이들을 보면 내 정신도 싫어질 만큼 싫은 생각에 몸서리쳤지. 숨이 막히고 몸서리날 만큼 권력을 동반한 이익 나누기를 흥정하면서 생각을 소진하고 있는 곳에서는 악취가 진동하나, 악취 속에 오래 있다 보니 악취도 달콤한 향기로 변했겠지. 악취 속에서 잘도 견뎌내는 것을 보면 신통하기도 해.
나 짜라두짜는 도저히 익힐 수 없는 기술을 익힌 것이 틀림없어.

그런데 내가 어떻게 그곳으로부터 벗어나 땅의 미덕을 듬뿍 뿜어내고 있는 기쁨의 샘물을 맛볼 수 있었지? 샘물을 찾는 능력이 어떻게 생겨나 솟아나는 기쁨의 샘물을 마실 수 있었지? 어중이떠중이가 풀어놓은 독을 밀어내고 끊임없이 솟아나는 샘물을 맛보기 위해서는 생각하는 방법을 새로 익혀야 하는데.
나의 청춘 시기는 비워 놓은 머리와 가슴으로 솟아나는 샘물이 뿜어내는 청량한 향기를 나도 모르게 맡으려 했으며, 여름의 뜨거운 속에서 타고 있는 내 가슴이 차가운 샘물을 원했던 것이 틀림없어. 그 마음으로 어중이떠중이로부터 비켜서서 가슴이 들려주는 소리 따라 새로운 길을 만들다 보니 번민이 사라지는 순간, 그림자 없는 정오처럼 내 가슴의 소리를 훤히 들을 수 있었던 것이야. 그 소리를 듣고 나서는 거친 바람이 되기를 의지했던 것이야.

알량한 정신을 쓸어버릴 거친 바람결에 독수리의 눈을 달고서 평원을 내달리는 바람의 의지, 자네들 이 바람을 감당할 수 있겠어. 감당할 수 없거든 침이라도 뱉지 마. 하늘 보고 침 뱉기와 같아, 자네 말고는 맞을 사람이 없거든.

29. 당신은 소비자가 아닙니다

인간은 발명된 정의야. 이 정의에 따르면 '인간은 반드시 이렇게 해야 된다'라는 발명된 의지를 삶의 지표로 삼아야 돼. 실제로는 삼지 않을 수 없게 했지. 말을 듣지 않으면 손발을 하나둘씩 묶어 제 뜻으로는 아무것도 할 수 없게 만드는 독거미 타란툴라가 여기저기서 눈을 번들거리면서 '좋은 말로 할 때 제대로 해'라고 점잖게 말하는 것을 털이 곤두선 상태로 들을 수밖에 없게 하니 어찌 듣지 않을 수 있었겠어.

옛날 이야기 들어봤잖아. 적당한 크기를 하나 정해 놓고 그보다 큰 사람은 발목을 자르고, 작은 사람은 잡아늘려 병신을 만들면서 세상은 평등해야 한다는 이야기 말이야. 독거미들이 말하는 평등은 이 이야기를 크게 벗어나지 않아.

요즘은 점잖게 말하지 '당신의 이름은 소비자입니다. 당신의 소비가 당신의 정의입니다'라고. 그렇다 보니 소비조차할 수 없도록 임금이나 시간 등이 제한된 사람은 소비자로 정의된 인간에 들지 못해 '없는 사람' 취급 받잖아. 지금 발명된 인간은 소비자거든.

제발 넘어서. 당신은 소비자가 아니야. 권력추구자, 지식추구자, 쾌락추구자들이 협심해서 발명해 놓은 소비의 틀을 벗어나는 것이 발명된 인간을 넘어서 초인이 되는 입구를 찾는 것이거든. 찾지 못하면 독거미의 복수에 희생당할 불쌍한 신세를 면치 못할 거야. 당신이 더이상 소비할 여력이 없을 때 독거미의 독이라도 달게 먹게 해 독거미의 지령을 수행하는 것을 자신의 의지인 양 여기게 하는 복수 말이야.

그때 그들은 드러나지 않는 그늘 밑에서 비릿한 미소를 머금고 복종을 자유로 여기는 사람들을 보면서 이제야 비로소 사람들이 평등하게 됐다고 말하겠지.

이들의 사슬을 벗어나려거든 자신을 넘어서고 넘어서야 돼. 만들어진 의지를 비틀려는 의지가 출발점이야. 발명된 의미를 넘어서 스스로 의미를 새롭게 발명해야 한다는 것이지.

의미를 발명하고 해체하고 새롭게 발명하는 것이 자네가 자네로서 살아갈 수 있는 원동력이야. 생명의 힘은 언제나 그렇게 하고 있어. 허니, 생명의 춤을 출 수 있는 동력을 기르는 것이 의미를 발명하는 행위이면서 동시에 독거미의 거미줄을 녹일 수 있는 생명수로 자신의 가슴을 적셔 독거미의 덫으로부터 벗어날 수 있는 행위를 하는 것이 돼.

그러기 위해서는 자신의 이야기가 거룩한 진리라고 떠드는 자들을 조심해야 해. 혹시라도 자네가 그들이 쳐 놓은 거미줄을 녹이려는 낌새가 보이기라도 한다면 자네가 도리어 화형을 당할 수도 있어. 옛날에는 그런 일이 날마다 일어날 때도 있었거든. 독거미 타란툴라가 가장 좋은 시절이었다고 여기는 시절이지. 그 시절에는 얼굴빛조차도 흙빛으로 평등했었을 것이야. 그래야만 살아남을 수 있었으니까. 자신의 빛을 감추는 미덕만이 자신의 생명을 구하는 유일한 수단이었기에 어느새 사람들은 제 빛을 잃고 말았기 때문이지.

넘어서야 할 이유가 크게 느껴지지 않아. 너! 소비자! 소비하는 순간 제 빛으로 반짝반짝 빛나고 있는 것 같지만, 소비할 수 있는 재능을 다 소비하고 나면 재만 남는다는 것에서는 그때나 지금이나 다를 것 없어. 그때는 비자발적인 빛감춤이기에 저항의 의지가 생겨날 기미라도 있었지만 지금의 소비자는 자발적 의지라는 허울로 자신을 소비하고 있으니 저항은 꿈도 꾸지 않겠지. 그러다가 찾아온 너, 재가 된 너는 스스로 '번 아웃 됐어요'라고 말할 수밖에 없을 것이야. 아쉽고 가련한 모습이기는 하지만 그 경험이 인간을 넘어서 초인이 되는 밑거름이 되기를 응원할게.

넘어서기 위해서는 자신이 의지했다고 여기는 적들과 치열한 전쟁을 해야 할 거야. 선과 악, 부와 빈, 고귀함과 비천함 등 발명된 모든 것을 헤치고 그것들을 내려다볼 수 있는 곳까지 넘어서고 넘어지기를 반복하는 전쟁 말이야. 그렇게 해

서 올라간 곳, 곧 폐허가 된 성당의 천장과 아치지붕을 내려
가야 되는 처지가 될 때라야 땅의 미덕이 진실한 미덕인 줄
알 수 있으나, 주저하다 아치를 넘어서지 못하면 다시 독거
미에게 손가락을 물린 꼴을 면치 못하지.

땅의 미덕과 어울리는 춤을 출 수 있는 춤꾼이 되기를!

30. 철학이 없는 철학자

철학을 한다는 것, 곧 지혜를 사랑한다는 것은 내 안에 있는 인용문을 그 끝까지 살펴볼 수 있는 독수리의 눈와 얼기설기 얽힌 인용문의 관계망을 뱀의 지혜로 살펴 발명된 미신을 받드는 정신을 깨우는 일.

허나, 이 일을 할 때는 조심해야 해. 미신을 받드는 이들은 정신을 미혹케 하는 것에 경배하지 않는 이들을 볼 때 견딜 수 없어하거든. 잡아다가 불에 태우지 않는 것만도 감사해야 할 정도야.

나 짜라두짜가 숲으로 갔던 것도 그 때문이었을 거야.

그곳에서도 쉽게 미신의 족쇄를 벗어나기 힘들었어.

정신의 자유가 저당잡혔던 때에 만들어진 족쇄를 쉽게 깨부수지 못했거든.

저명한 철학자뿐만 아니라 △△자들에게 어려서부터 지겹도록 들어왔던 '믿습니다'가 거짓에 근거하고 있는 줄 아는 데까지는 시간이 필요했다는 것이지.

하늘을 받드는 이들은 저명한 철학자들이 신앙을 갖지 않는 것에 대해서는 눈감아 주기도 하는데, 그것은 신을 만드는데 이들이 한몫을 했다는 것을 알았을 뿐만 아니라 지속적으로 신의 이미지를 치장하는 역할을 하고 있다는 것도 알고 있기 때문이지.

이들이 목소리 높여 외치는 '지혜를 사랑하세요'라는 말이 어린아이들이 무슨 뜻인지도 모르면서 재롱잔치에서 하고 있는 말과 같다는 것을 알았다는 것이야. 이들의 철학은 '인용문으로 당신의 정신을 도배하세요'라는 것밖에 남아 있지 않아. 이미 인용문으로 도배된 정신을 가진 이들이라 듣기 좋은 소리를 할 수밖에 없었겠지.

그들에게서는 인용문을 넘어서려는 의지는 찾으려야 찾을 수가 없어. 넘어서기를 의지하기는커녕 인용문을 경배하려는 의지를 공고히 할 뿐이니 경배에 대한 의지를 갖게 된 것을 감사하지 않고는 물 한 모금도 제 의지대로 삼키지 못해. 하다 못해 사막의 오아시스를 보고서도 신에게 경배하는 의지가 있는 것에 감사하고, 그늘에 모여 자신을 낮추는 의식을 거행하면서 번들거리는 눈동자를 굴려 머리 숙이지 않는 이를 찾아 저주를 퍼붓는 것으로 경배를 증명하려 하지.

이들의 경배는 정신을 복종의 의지로 채우는 일이고, 그런 이들을 만드는 것 또한 너 저명한 철학자 아니겠어. 새로운 질문을 해 보려는 의지가 싹트는 것조차 불가능한 신체가 되었으니 그럴 만도 하겠지.

한 번 등 따습고 배부르게 되면 등 따습고 배부르게 해주는 인민을 받드는 일을 그만둘 수 없으니 그렇기도 할 거야. 그러려면 저명한 철학자라는 타이틀이라도 내려놓아야 하나 그렇게 되면 안락한 배부름을 포기해야 하는데 그 일이 쉽겠어.

그래서일 거야. 나 짜라두짜는 저명한 철학자 가운데 그 길을 택하려는 의지를 기르려는 사람을 본 적이 없어. 정신이 이미 인용문으로 도배되어 새길을 볼 수 있는 눈이 없는 것과 같다고 해야겠지. 침침한 눈으로 어중이떠중이를 섬기면서 그들에 묻혀 사는 철학을 개발하는 것을 철학하는 일이라고 여긴 지 오래되다 보니 철학자라는 타이틀은 있으나 철학은 없는 상태가 되고 만 거지.

정신을 도배한 지가 오래되어 도배지를 떼어내기 위해서는 다소의 고통을 감수해야 되나 그런 정신이 아예 없으니 누군가가 나서서 과감하게 뜯어내기까지는 자유로운 정신이 행사하는 망치의 역할을 상상조차 못 할 거야. 내려치는 망치의 불꽃조차도 그들의 정신과 조우하는 것을 회피하려 할 것이니 그들은 정신의 자부심을 알기나 할까?

저 깊은 곳에서 흘러나온 차디찬 정신이어야
길들여지지 않는 거친 정신이어야

정신의 황홀함을 알 수 있는데
이름에 갇혀 철학하는 철학자는 무엇으로
황홀함을 대신할까?

31. 영혼도 샘물처럼 샘 솟는 밤

밤이구나!

모든 빛이 꺼진 어둠 속에는

하늘의 별빛과 속삭이는 영혼의 소리가 들리지

영혼의 목마름도 잊게 하는

낮의 갈구로는

'홀로 있으면서도 고독하지 않은 고독자'의 빛을 볼 수 없어

밤이 된 고독자만

영혼의 빛으로 감싸이지

세상이 그대로 영혼인 것을 드러내는 밤

반짝이는 별과 반딧불을

축복하지 않을 수 있을까

머리끝에서 발끝까지

영혼 아닌 것이 없어

영혼이라는 말조차 필요없어진 나

영혼끼리 주고받는 불꽃같은 선물로 사는 나

받는 즐거움을 모르는 가난한 나이지만
항상 배부르면서도 배고파하는 이들이 가져갈
창고가 빈 적도 없는데
그들은 그들의 영혼을 채울 수 있을까
어렵겠지
손톱만큼도 벌어지지 않는 다리는
영혼의 빛으로만 놓을 수 있거든

나도 주기 위해 내민 손을 거두고 싶어
받고 받고 또 받아도
배부른 줄을 모르는 배부른 이들의 손이
부끄러움을 모르듯
주는 나도 부끄러움을 잊어야 하니

주는 것으로 손발이 이골이 나다 보니
'선물을 받아주십시오'라는 간청이 부끄러운 짓인 줄도 모르
고
눈물도 나지 않는 고독자가 되어
빛 속에서도 적막해진 것이지

그냥 제 갈 길만 갔으면 될 것을
온기가 필요한 곳을 잘도 찾아낸 나이다 보니

부끄러운 줄도 모르고 나의 위안을 받으려고 간청했구나
태양보다 뜨거운 영혼이
얼음보다 차가운 번들거리는 눈동자에 휩싸여 있으니
자업자득이지
얼음에 데인 것이

주는 손이 부끄러운 것이 아니라
받으려는 너의 손이 주는 목마름이 나를 목마르게 해

나의 가르침을 받으려면
밤의 어둠을 뚫고 나오는 영혼의 빛을 맞이할 수 있는 고독
자여야 하는데
나만 고독해야만 되니 부끄러운 것이지

밤이구나!
나의 영혼이 들려주는 넋두리를 들을 시간이지
샘솟는 물소리가 커지는 밤은
영혼도 샘물처럼 샘솟아
별빛과 사랑의 노래를 부르지
사랑하는 노래만이
적막을 깨울 수 있으므로

32. 미련을 두지 않는 춤과 노래

춤을 잘 추는 이는 춤추면서 생각하지 않아
춤만 추는 거지
춤의 동선이 이미 몸에 배어 있거든
아무 생각 없이 추는 춤이야말로 춤 중의 춤
그렇게 되려고 얼마나 오랫동안 동작을 익혔겠어

나 짜라두짜가 제자들과 샘물을 찾아 숲속을 거닐 때
춤의 요정들이 춘 춤이 아마 그럴 거야
춤의 요정은 춤으로 삶의 진실을 드러내기에
짜라두짜 일행이 다가오는 줄도 모르고 추었겠지만
분위기 깨는 놈들과 자주 맞닥뜨리다 보니 저도 모르게 춤
을 멈출 수밖에 없었겠지

하여, 나 짜라두짜도 변명 아닌 변명을 해야 했어.
'온전히 춤만을 추는 축제의 신을 찬양하는 일을 그만둔 적
이 없고, 사람의 정신을 무너뜨리는 중력의 영만을 적으로
삼을 뿐이라고.
숲, 그것도 온갖 나무들이 제 모습으로 곧게 큰 숲

정신을 맑게 하는 시원한 어두움이 짙게 드리운 숲

그와 같은 숲을 찬양하는 제가 어찌 춤의 요정이 펼치는 동
선을 막을 리가 있겠어요

춤의 요정 당신과 함께

울울창창한 숲의 어두움 속에서도 제 빛을 잃지 않고 빛나
는 장미꽃 동산에 가고 싶어요

아니면, 샘물 옆에서 눈을 감고

솟아나는 샘물 소리로 영혼을 촉촉하게 적시는 작은 신을
만나볼까요!

아마 나비와 숨바꼭질하다 지쳐 쉬고 있을 것이에요

제가 쉬고 있는 신을 깨우는 악역을 담당하겠으니

깨어난 신이 함께 춤추자고 하거든 거절하지 말아주세요

춤만 한 신성표현이 또 어디에 있겠어요.

함께 춤을 추면 저는 정신을 가두려고 몸부림치는 중력의
영을 놀려먹는 노래를 부르겠어요'라고, 이어서

'와, 삶!

결코 길들여지지 않으니

가두려고 하는 손길이 얼마나 초라한가

초라한 손길이 부끄러운 중력의 영은

아무리 기를 써봐도 가둘 수 없자, 슬며시

심오하고 신비한 당신이라고 삶을 칭찬해 삶 스스로가

자신에게 칭찬의 재갈을 물리도록 하려 했지만
삶이 속아 넘어가겠어
그대들 인간에게나 쓸 수 있는 미덕을 삶에게 주려 하다니
배꼽 빠지지 않는 것으로 위로를 삼을까!'라고 노래했지

이렇게 노래하자 내 속의 지혜가 호통쳤지
아무 때나 삶을 찬양하면 안 돼
스스로 의지하는 것만이 칭찬받을 일이야
그래 알았어
인간은 그런 적 없지만
삶은 늘 그러해 너 지혜처럼

계속해서, 우리 셋은 닮지 않았어
변덕스럽고 콧대가 세고 미덕조차 한낱 가식으로 치부하는
거친 삶과 지혜 그리고 짜라두짜 한몸 같지 않아. 대놓고 그
렇게 이야기하기에는 좀 그렇긴 해도, 빨려 들어가지 않을
수 없잖아

이런 와중에 춤이 끝나자 요정들은 뒤도 안 돌아보고 가버
렸어
미련을 두지 않는 것이 참된 춤꾼의 미덕이지
춤보다 더한 의지가 어디에 있겠어

숲의 어둠에 저녁의 어둠이 내리자
축축해진 기운에 취해 저녁이 물었지
'무얼 위해 살아
어떻게 살아
계속해서 산다는 것은 바보짓이 아니야'라고

의지는 의지할 뿐 다른 목적이 없으며
의지하는 것이 삶이니 다른 방법도 필요 없어
스스로 의지하는 한 삶과 죽음도 다 의지이기에
저녁의 질문은 바보 같은 넋두리에 지나지 않아.
어둠에 어둠이 깃든 저녁이다 보니 그럴 수도 있겠지.
짜라두짜도 슬퍼했듯 저녁도 그러했겠지.

33. 꿈을 깨어나게 하는 향기

'나는 꿈이 있어요!'라는 너무나 유명한 연설문의 핵심 문장처럼 의지를 실현할 수 있는 힘을 길러 꿈으로 만들어진 무덤을 열어야 해. 꿈이 나비가 되어 훨훨 날아다닐 수 있게. 햇빛이 들지 않아 누렇게 시든 이파리가 파릇파릇해지도록 무덤의 천장을 열어야 해. 꿈이 살아나는 것이 부활이야.
누가 우리의 꿈을 묻지 않을 수 없게 했을까?

꿈이 묻히자
젊은 시절이 한꺼번에 사라지고 말았고, 사랑하는 벗들의 노래도 더이상 듣기 어려웠지
스스로 자신의 꿈을 묻는 일에 바빠지도록 내몰린
나의 청춘
나의 친구
함께 꿈을 꾸면서
피어나는 향기처럼 서로를 위로했기에
그나마 버틸 수 있었는데
나의 꿈이었고 향기였던
꿈을 죽인 사랑하는 친구들

그대들이 주는 향기가 있었기에
가끔씩 부자가 된 느낌도 들었지만
꿈조차 묻고 나니
남는 건 고독
꿈을 느끼지 않았어야 했는데
꿈의 향기를 회상하니 세상에서 가장 고독한 처지
아! 가슴 미어지는 그리움!

그런데 꿈이 무엇이었더라?
꿈조차 내가 꾼 것이 맞았던가, 누가 나에게 그렇게 하는 것
이 꿈꾸었다고 말해 주는 것이 아니었을까? 꿈을 묻어야 진
짜 꿈이 보이는 것은 아닐까?
묻힌 꿈이 새 꿈을 푸르게 해 사랑하는 벗들의 향기를 느끼
게 하는지도 몰라……

서로를 위해 가슴 미어지도록 헌신했던 신성한 꿈 그 자체
였던 자네가 죽고 나자 이름조차 생각나지 않아
죽도록 헌신했지만
누구의 탓처럼 죽어간 무덤 속의 꿈
그 꿈을 생각하면 가슴이 미어지고
가슴이 무너져 내렸기에 일찍 무덤으로 갔던 너
얼굴을 스치는 부드럽고 따스했던 바람 같았던 너는

보기만 해도 절로 미소짓게 했었지

그런 너를 누가 무덤에 보냈을까?
신성하다는 제단 위에 제물로 바친 이들이 누구였을까?
굳은 얼굴을 한 경건함으로 무장한 그들이
젊은 시절의 꿈과 위안과 황홀한 춤을 제물로 바쳤겠지
다시는 희망의 노래를 부르지 못하도록

그들의 눈에는 희망조차도 불순한 의도로 보이거든
아무런 희망 없이 죽은 얼굴로 자기들의 인도를 받는 이들
만이 그들에게는 희망이고 꿈이니
꿈의 무덤만이 삶의 지표가 된 그들이니

그런데 나 짜라두짜는 어떻게 무덤에서 벗어날 수 있었을
까?
실상은 이렇지
그들은 꿈의 무덤을 만들고서 제 할 일을 다했다는
제사를 지냈겠지만
꿈꾸는 의지는 묻을 수가 없었지
의지가 깨어나자 무덤도 더이상 장애물이 될 수 없었어
의지는 힘이 세거든
의지가 발뒤꿈치를 밀어올리자

무덤이 허물어졌어
의지하는 의지는 참을성이 많거든

의지가 꿈이 되고
꿈이 의지를 깨우니
꿈을 무덤에 가두려는 검은 옷을 입은 이들의 꿈은
무덤이 됐고
꿈꾸는 젊음은 황폐한 무덤조차 생장하는 쉼터로
만들었어

이룰 꿈을 갖는 것이 아니라
꿈이 청춘이 된 의지가
무덤에도 새로운 활력을 불어넣었구나!

34. 넘어서야 진실이 보여

넘어서기는
복종하려는 의지를 내려놓고
서로를 존중하면서 의존하는 관계를 넓히는 것

자네 의지의 진실은
복종하고 싶지 않은 것이야, 그러려면
지금까지 배워 왔던 것들을 넘어서야 돼
자네는 복종을 의지하도록 배워 왔거든
복종하는 이들이 복종할 수밖에 없도록 하는 것은
부모조차 손잡지 못하도록 고립시키는 것이지

억지 고독 속에서 죽은 얼굴로 복종을 의지하는
신체를 넘어서는 것이 내가 말하는 넘어서기야
넘어서지 못하면 복종밖에 없어
복종을 넘어서려면 손잡고 변해가고 넘어서면서
함께 초인이 되어 가는 수밖에 없지

함께하는 것이 진실이야

존중하는 의존관계를 넓힐수록 넘어서기가 수월하지
검은 옷을 입은 이들이 서로를 존중하고 의지하려는 것을
결사적으로 막고 있는 것은
복종의 의지가 상호존중하는 의지로 바뀌면서
검은 옷의 의지를 넘어서려는
몸짓이기 때문이야

상호의존하면서 되어 가는 생명의 도도한 흐름은
서로를 보듬어 안으면서 초인이 된 삶을 살게 하니
검은 옷 입은 사람들의 처지에서는
이 꼴을 두고 볼 수만은 없었겠지

넘어서지 못한 사람들 속에 스며 있는 전도된 선과 악의
판단 기준을 끝장내는 것은 생명의 강이 아니라
생명의 강을 이루는 자네의 의지야!
넘어서는 힘에 대한 의지
생명의 진실과 함께하려는 의지이지
허니, 살아 숨 쉬는 것들이 손잡고 있는 생명의 장과 온전히
하나 되려는 의지가 자네 삶이 되어야 해

케케묵은 가치평가에 휘둘리지 마
그것들은 저물 수도 없는 애초부터 죽은 가치야

생과 사를 넘나들면서 되어 가는 생명의 강은
한 번도 머문 적이 없는데
케케묵은 가치평가로
판단하는 것이 가당키나 하는 일이겠어

그럼에도 불구하고, 믿는 것이
살아 숨 쉬게 해주는 것이라고 하면서 거짓 생명수를 받아
마시게 하고 복종의 의무를 철갑처럼 두르게 하니
숨 쉬는 것조차 살아 숨 쉬는 것이 아니겠지
하긴, 책임을 지지 않아도 된다는 것이 작은 위안이 될지는
모르지만
생사를 넘나드는 생명의 활동은 모험을 회피하지 않아
모험에 대한 의지가 대가를 치른다 하더라도 모험을 의지하
도록 하는 명령이 넘어서는 힘에 대한 의지며 주인으로 사
는 의지지
그거면 충분하잖아
무얼 망설여

복종의 의지는
복종시키려는 의지와 다를 바 없는데
왜 넘어서지 못한 자네 의지를
넘어서려는 의지로 작동하게 하지는 못해

생명을 거는 모험을 마주할 수 있어야 하니 쉽지는 않겠지
만
생명은 매 순간 모험으로 가득해
어제와 같은 오늘이 없으니, 어제로
오늘을 맞이할 순 없잖아

어제를 희생하면서 오늘을 사는 것이지
희생 그 자체가 누구를 위한 것이어서는 안 돼
그렇게 되면 생명의 흐름도 끝나
머물지 않고 변하여 새롭게 되어 가는 생명의 흐름에는
모든 이웃들이 함께하고 있으니
생명 흐름은 나의 의지이면서 동참의 의지
함께 되어 가기에 생명의 길이 울퉁불퉁하고 이리저리 휘어
지기는 해도
모험심으로 넘어서는 것 또한 생명의 의지

가치평가하는 사람들이 만들어 놓은 기준을 넘어서야 돼
그 기준 자체를 없애는 것이 넘어서는 의지이며
창조자인 자네의 본모습
가보지 않은 길에 대한 가슴 떨림을 안고 출발하는 것은 넘
어서기의 시작
넘어서야 진실이 보이거든

35. 넘어선 춤을 출 수 있는 사람

사람이 숭고한 사람이라는 이미지를 만들고, 그 이미지를 확장하여 영원히 숭고한 사람, 곧 신이라는 이미지를 만들면서부터 사람은 스스로 죄인이 되고 말았어. 아무리 찾아봐도 자기한테는 그러한 모습이 없어 할 수 있는 일이라고는 참회밖에 없으니 그렇기도 하겠지. 자기를 혐오하지 않는 것만 해도 대단한 사람이라고 여겨야 하나?

이미지만 걷고 나면
수수께끼 같은 웃음이 파도처럼 넘실거리는 심연의 고요함
그 속에서 진리가 샘솟듯 하니
진리의 쪼가리들이 없는데도
진리의 향기로 가득하지
진리의 쪼가리에서는 결코 맡을 수 없는 향기
아! 나는 나의 진리

나의 향기에 취해 다니다 보면, 가끔
자신의 향기를 찾아
진리의 쪼가리들과 맞서는 사냥꾼을 만나기도 하는데

그들에게는 맹수의 기개가 있는 듯하지만
넘어선 고요함이 없어
낯선 영혼에
자칫 자신이 베이고 말지

제 입맛도 갖추지 못한 긴장감은
다른 입맛에 취해 있는 것과 무엇이 다르겠어
인생은 자신의 입맛을 찾는 투쟁
길들여진 입맛으론 결코
숭고한 사람을 추종하면서
내면의 자기를 혐오하는 짓거리를 쉬지 못해
긴장을 풀고 쉬어

숭고한 사람을 넘어선
편안한 상태에서만 입맛도 제 입맛이 되지
아름다운 몸짓은 힘을 내려놓을 때 나타나는 좋은 맛
자네의 눈금과 저울추가 제대로 작동할 수 있는 것은
온몸이 풀려 한 점 긴장감도 없을 때야

정신을 참회할 필요가 없어
정신을 참회한다는 것은 자기 혐오를 길들이는 것과 같아
앉아서 굶어 죽기를 기다리는 것과 다름이 없고

하는 일들도 다른 이들을 경멸하고 저주를 퍼붓는 일이지
하늘을 쳐다보는 이들이 잘하는 일이잖아

걷다 보면 하루에도 셀 수 없이 많은 사람들이
저주를 퍼붓는 일을 하면서도
좋은 말로 포장해 축복을 빈다고 사기치지
땅에 발을 딛고 선 고요한 사람들은
결코 그런 일을 하지 않아
땅을 찬양하기를!

틈도 없이 땅의 축복을 경험하고
땅의 축복이 없이는 살 수도 없으면서도
하늘을 쳐다보고
허구에 대한 숭고 신념을 넘어서지 못한 이들은
빛 속에서도 칠흑 같은 어둠 속처럼 헤매고 있지

힘을 빼다 못해 의지조차 없을 때라야
땅의 율동과 동화되는 춤을 출 수 있을 텐데
아름다운 춤이지
넘어서려는 의지로 천상의 의지를 넘어설 때
의지조차 쇠약해지다 못해
땅이 된 율동

이보다 더한 춤이 있을까!

자기를 극복하고 의지를 넘어서
거센 바람결에도 춤출 수 있는 몸이 됐으니
하늘의 무게가 더이상 짓누르는 무게가 아닌 곳에서
아름다운 사람이 된 거야
숭고한 사람이 숭고한 영혼을 버릴 때
영웅이 영웅의 의지를 버릴 때라야 출 수 있는
넘어선 춤을
출 수 있게 된 것이지

36. 벗겨진 칠의 흔적을 숭배하는 사회

되어 가는 사건들을 멈춰 있는 사물로 만들고
중첩되어 발현되는 사건들의 흐름을 이름에 따른 본질이 현
상한다고 여기게 하는 힘, 문화
하여 문화의 역사가 시작되면서 '누가 나를 존재하게 했어
요'라는 어처구니없는 물음도 생겨날 수 있었지만
모든 사건들의 흐름은
멈추어 있는 사건들 사이를 걸어가는 것이 아니라
흐르는 사건 하나하나가 사건들을 재배치하는 일
허나, 이름을 바탕으로 생각을 하다 보니
저 스스로 그렇게 있는 것은 아무것도 없는 것 같아
하늘이 그렇게 정했다고 생각했겠지

아직까지도 그 생각에 머물러 있는 현재의 인간과는 달리
미래에 갔다 온 나 짜라두짜의 눈에는 현재의 인간들이 얼
룩덜룩 페인트칠 속에서 겨우 숨만 쉬고 있는 것 같았으며
들락날락한 숨소리에 쪼가리 진리의 문자들을 의미도 없이
외우고 있는 것이 보였어

해독하지도 못하면서

거룩한 소리라고 짐짓 아는 척하다

활력이란 활력은 몽땅 빠져 버리는 몸이라

몰골은 가관이었고

가쁜 숨 속에도 썩다 못한 쪼가리의 냄새가 배어 있었으며

벗겨진 칠들이 을씨년스러워 생물이란 생물은 다 도망갔고

도망가지 못한 종족은 멸종이 됐지

나조차도 혼비백산할 정도니

다른 생물들은 어떻겠어

도망간 존재들 틈에서 날품팔이라도 하는 것이

현재의 인간과 사는 것보다는 나을 거야

문화화된 존재 방식에는 미래가 없잖아

그것이 어찌 생생한 미래를 잉태할 수 있겠어

현실적으로 머물 집을 만들고

진리라는 온갖 쪼가리들을 긁어모아

잡탕 같은 종교에 머무르는 자는

자신의 본래 모습인 되어 가는 사건들을 믿지 않는 '신앙 거

부'를 나의 신앙이라고 외치는 자들이니

어찌 썩지 않을 수 있겠어!

애초부터 신앙을 갖는다는 것이 무리였지

만들어진 과거에 머물러 되어 가는 미래를 볼 수 없으니

할 수 있는 일이라곤
신앙 거부를 신앙이라고 여기면서
신앙하지 않는 이들을 저주하는 일밖에 없겠지

창조를 모르는 현실주의자! 현재의 인간!
'믿는다는 행위'를 신앙하는 자, 그대
반쯤 열린 문 밖에 무덤 파는 이들에게 일감을 제공하는 그
것으로 위안을 삼기를

나 짜라두짜에겐 머물러 살 수 있는 집과 조국은 없지만
앞으로 태어날 아이들이 스스로 창조자임을 알 수 있는 시
절이 도래하면 그땐 함께 살 수도 있겠지
그대! 과거를 사는 문화인간, 제발
태어날 아이들의 창조성을 빼앗지 말기를!

37. 거꾸로 된 믿음

생각이 순수하다는 말 자체가 순수하지 않아
내장의 노고가 없으면
머리만으론 순수함이 나올 수 없어
순수는 내장의 수고로움이야, 그런데
내장의 수고로움을 알지도 못하면서 순수한 깨달음을 얻었
다는 자는
도대체 무얼 깨달았다는 것이지

문화화된 순수가 순수하지 못하다는 것을 깨닫지 못해
그림자 없는 정오는 말할 것도 없고
그림자조차 제대로 상상하지 못하는 문화의 정신으로
별빛 사이를 걷는 상상을 하는 것이 깨달음인가?
'나는 별빛을 벗 삼아 사는 순수한 사람이니 나의 사랑을 받
아 주세요'라고 꼬시는 역을 하면서도
부끄러운 줄 모르게 된 것이 깨달음인가?
순수한 달빛 같다고 정신을 찬양하면서
땅을 경멸하고
내장의 수고로움을 천하게 여기는 것이 깨달음인가?

아닙니다 깨달음은 추상이 아닙니다
느낌입니다
내장의 느낌이 평안한 것입니다
머리의 순수함이 아닙니다
탐욕은 이미지에 대한 희망적인 추상인데
이 또한 얼마나 순수합니까

이기심을 채운 탐욕의 느낌이 완성되지 않는 것은
만들어진 이미지에 머물지 않는 머리의 순수함
허니, 머리의 순수함을 따르지 마세요
고요히 바라보는 평안한 느낌이
긴장 없이 땅의 율동과 함께하는 느낌이
충만함이며 깨달음입니다

긴장 없는 몸짓으로 다음 동작이 자연스럽게 나오는
동작 속의 고요함이
형상을 넘어서고
머물고자 하는 의지를 넘어서니
현재를 넘어서는 창조행위가 깨달음이며
행위 하나하나를 그냥 좋아하게 하는 황홀입니다.
고요히 지켜보는 마음이 지켜보는 데 그치지 않고 멈춤 없

는 춤선으로 이어지는 무의지의 의지, 곧 마음을 쓰지 않아
도 저절로 삶과 죽음의 욕망과 공포를 넘어서는 무심의 흐
름이
아름다움이며
깨달음을 실현하는 귀한 몸짓이기에
깨달음은 순수한 문화의식에 머무는 것이 아닙니다
온전히 자신의 몸짓을 믿고 추는 춤이며
형상에 머물지 않는 신비입니다

순수한 신의 모습이 따로 없습니다.
만들어진 문화 이미지에 매몰되는 순간
자기 혐오도 시작되어 죄인이라는 낙인을 감사히 받아들이
게 되니 죽음을 의지하게 되는 것과 무엇이 다를까요
신의 모습을 띤 인간 속에 흉측한 뱀이 또아리를 틀고 있다
는 가르침을 내면화하면
자신의 춤선을 믿을 수 없어
믿는 행위만이 순수하다고 믿는 신앙이
순수한 깨달음이 되니
거꾸로 된 믿음이 탄생하게 될 수밖에 없었겠지

38. 길러진 사람

훌륭한 학자가 되기 위해서 어떻게 컸을까?
감각의 느낌을 박탈당하고
책의 이미지 속에 코를 박고 살지는 않았을까?
땅의 느낌을 잃고!

그러다가 학자로서의 화관을 쓴 다음
화관에서 흘러내리는 이미지만을 따라 살다 보니
태엽만 감아주면 돌아가는 시계처럼 된 것은 아닐까?
화관을 먹어치우고
태엽을 깨부수는 법을 배우지 못한 것은 아닐까?
시간 잘 맞는 시계가 시간에 맞춰 부엉이 소리를 흉내 내듯
쪼가리 진리를 진실이라고 믿고 있는 것은 아닐까?
그런데 큰 학자가 쓰고 있는 화관을 동경하지 않는 사람을
만나면 학자가 할 수 있는 일은 무엇일까?

자신의 심연에서 흘러나오는 짜라두짜의 소리도 외면하는
데
바깥에서 어슬렁거리는 짜라두짜에겐 시선조차 주지 않겠

지

애초부터 짜라두짜라는 이름을 들으려고 하지도 않았거나 들은 적도 없으니

시정잡배 취급하는 기술을 쓸 필요조차 없을 거야

그럼에도 불구하고 나 짜라두짜는 그들의 화관을 밟고 내 길을 걷지. 설사 그 걸음걸이가 비틀거릴지라도 그들의 머리를 발판 삼아 내 길을 가는 것이 나 짜라두짜야. 실제로는 다들 제 걸음이 표준이라고 여기면서 비틀거리는 걸음을 걷는 것이지. 인간의 생각길이 왜 같아야 돼. 원래 같을 수 없는 거야.

화관을 쓴 자들이라고 해서 별수 있겠어. 그들 스스로도 비틀거리는 걸음을 걸으면서 비틀거리는 걸음을 존중하지 않는 것이 별수라면 별수겠지.

그렇게 길러진 것을 어쩌겠어.

39. 그런 시인이 많았으면 좋겠어

언어(言) 사원(寺)의 주재자, 시인
공공의 일을 하던 공유의 공간(寺)에서 주고받는 말(言)이
시(詩)라는 꽃이며
그런 말을 쓰는 사람들이 시인이란 뜻이지

낯선 생각들이 결맞음을 통해 증폭되거나 사상되면서
새로운 생각의 빛깔이 생성되는 곳(寺)이라
기억의 공간에서 나오는 나만의 말(語)과는
다른 색깔이 있어야 시라고 할 수 있다는 것이야

다른 생각이 자유롭게 들락날락할 수 있는 공간을
나 짜라두짜는 '의견의 시장'이라고 부르는데
나의 새장에는 낯선 새들이 많이도 들어와 있어
그 새들의 머리를 쓰다듬으면 새로운 파동이 일어나
나 짜라두짜의 생각에도 전율이 일어나지

시인이 쓴 시는 그래야 돼
전율이 동반되지 않는 말은 기억 공간을 옮겨 놓는 것에 지

나지 않으며 온갖 잡동사니 기억들이 부글부글거리기만 할
뿐 새로운 향을 만들어 내지 못해
그런 시는 정신이 빈곤한 사람들이나 좋아할걸

기억 공간의 이미지들이 부글거리면서 토해 놓은 말(語)들
을 시라고 대접하자 시가 하늘로 올라가고 말았어. 그렇게
되자 귀를 쫑긋 세우고 들었던 나무와 풀 그리고 땅의 소리
조차 생명의 소리가 되지 못하고 기억 공간이 짜깁기 해놓
은 인형 같은 말들이 되고 말았지

하기야 그런 인형이라도 만들어야
죽어 있거나 죽어가는 존재들 앞에서 거들먹거릴 수 있겠지
언어의 사원에 세워 놓은 인형을
하늘 사람이며
사람을 넘어선 사람의 상징이라고 떠들어 대면서

느낌의 밑바닥을 걸어 본 적이 없어
허공에 비친 그림자를 깊은 물 속이라고 봉합하는 기술로
허영의 바다를 그리다가
더이상 붓질조차 할 수 없게 될 때
붓질하는 자신의 헛짓거리가 보이고
'도대체 내가 무슨 짓을 하고 있는 거야?'라는

질문이 생겨나(言)

새로운 말을 할 수 있는 상태(寺)가 되면서

시인의 역할을 되찾기도 하는데⋯⋯

그런 시인이 많았으면 좋겠어

40. 소음을 경멸하는 정신

나 짜라두짜는 행복의 섬에 살기는 사는데
행복의 섬이 따로 있는 것은 아니야
짜라두짜가 사는 곳이 행복의 섬이거든
그곳을 섬이라고 하는 것은
여럿이 있는 곳에서조차 그곳이 섬과 같기에
그렇게 부르는 것이야

행복의 섬 옆에는 항상 화산섬이 있어
욕망의 불꽃이 기운차게 솟아나 항상 연기로 덮여 있는 곳
이야
그곳에서 제정신으로 살아 나오려면 나 짜라두짜처럼 욕망
을 넘어서야만 가능하지

내가 그곳에 갔다 온 이야기를 해줄게 잘 들어
그곳에는 피부병에 걸리지 않는 사람이 없어
피부만 그렇겠어 속조차 잿빛으로 변했겠지
잿빛 열기가 피부로 솟아난 것이 화산재와 같은 피부병이야
그런 사람들 가운데 더러는 자신의 잿빛 연기로 화산섬을

삼키려는 자들도 있어

나는 그들을 '불개'라고 부르는데

그들은 자신의 이야기가 땅의 목소리를 대변한다고 하면서

자신의 왕국을 건설하기 위해 체제를 전복하려는 꿈을 꿔

여기에 속으면 화산재만 잔뜩 집어삼키게 되고

앞날에는 절망만이 기다리게 돼

조심해

새로운 소음도 소음일 뿐이야

땅의 세상은

창조의 가치로 움직이면서도 조용하니

새로운 소음에 귀가 솔깃하기는 하겠지만

새로운 소음으로 이전 소음을 잠재운들

진흙 밭이 어디 가겠어

소금을 바다에 넣는다고 바닷물이 더 짜지겠어

어림없는 짓이지

짜라두짜가 되는 생명의 율동, 존재의 아름다움은

소음을 경멸할 수 있는 정신에서 나오는 것

동상을 진흙에 처박았다고 해도

새로운 소음이 만드는 잿빛 속으로 들어가면

달라지는 건 하나도 없어

존재의 근원이 창조의 실체며
사람들의 의지처라고 속삭이는 이들을 조심해야 돼
이들은 언어의 장막 뒤에 숨어
쪼가리 진리에 길들여진 사람이라 사람다움을 넘어서
초인을 회복하는 것을 방해하는 세력이거든
새로운 소음이 힘을 장악했을 때 그 힘을 어떻게 썼는가를
살펴봐
이전과 다른 것이 없잖아

잿빛 그림자를 뚫고 땅의 한가운데로 들어가
땅과 하나로 이어져 있는 몸의 느낌을 느껴봐
비로소 살아 있음을 알 수 있을 거야
숨소리조차 황금의 비와 다를 바 없는 존재의 아름다움이
생명활동으로 고동치는 곳, 그곳은
땅 속 깊은 곳으로
초인의 정신이 나오는 곳이야

화산재로도 없앨 수 없는 황금빛의 고향
그곳이 열리는 날
그림자는 외치지
'시간이 됐어! 시간이 됐어!'라고

그냥 안 거지

무슨 일이 벌어질지를

41. 틀린 예언

예언자는 항상 말세가 도래했다고 외치지
(말세가 아닌 적이 있었던가?)
지상에는 더이상 희망이 없다면서
죽음의 적막만이 큰 입을 벌리고서 생명들을 집어삼킨다면
서
'○○하세요'라고 떠들어 대지

그들의 이야기가 일견 의미가 없는 것도 아니야
애지중지했던 것들이 더이상 의미가 없다는 것을 느껴 알
때 종말이 도래한 것과 다를 바가 없거든
때마침 그 느낌을 파고들어
'지상의 삶에 가치를 두지 마세요'라고 외치면 그냥
예언자가 되는 거지

가치가 없는 것이 아니라 가치가 전도된 것이라
전도된 가치 목록을 내려놓기만 해도 되는 것을
익혀 온 습이라 쉽지 않겠지
차라리 예언자의 말을 따르는 것이 나은 것처럼 느끼기도

할 거야
'모든 것은 공허하다'라는 말 말이야

예언자의 사악한 눈이
전도된 가치지만 그걸 잃고 흔들리는 눈빛을 재빨리 알아차
려 속삭이거든
'세상은 이제 재로 가득찰 것'이라고
이미 마음이 흔들렸으니 그 속삭임을 당해낼 재간이 없지

허상의 가치를 잠재우고
생명의 가치를 뿜어내는 깊은 샘물이 곳곳에 있지만
그림자 가치에 눈이 어두워 보이지 않으니
짙은 안개는 언제 걷힐까?

그림자 가치로 만들어진 무덤 속에서
말뚱말뚱하게 살아 있는 정신을 깨워
안개를 날려 버릴 정신의 불꽃을 살려
전도된 가치에 덮여 있는 어둠의 밤들을 밝혀야 돼

생각만 해도 아득해지는 깊은 슬픔으로
나 짜라두짜는 삼일 밤낮을
먹지도 못하고 자지도 못하다

결국 지쳐 쓰러져 잠들고 말았지

잠은 마법사야

꿈을 꾸게 하잖아, 수수께끼 같은 꿈을

나 짜라두짜도 예외가 아니었어

생명이란 하나도 없는 죽음의 산성에서 묘지기가 된 꿈이었어

죽음의 산성은 관으로 이루어진 곳이었는데

유리관 속의 시체들이 눈을 부릅뜨고 나를 쳐다보더군

먼지가 된 영혼에서 나오는 퀴퀴한 냄새만 진동한 곳이었지

다행히 나 짜라두짜가 산성의 문을 여는 열쇠를 가지고 있었기에

녹슨 문을 열 수 있었는데

문을 열자마자 죽은 마음을 뒤집어쓰고 있는 까마귀가

지금까지 들어보지 못한 울음소리를 냈는데도

더 적막한 상황이 된 거야

그 속에 혼자 있었어, 아마

마지막 남은 정신의 불씨가 없었다면 견딜 수 없었을 거야

불씨가 살아 있었기에

천둥도 내려칠 수 있었고

천둥 소리에 납골당 문도 활짝 열렸던 것 같아

그런데 웬걸, 열린 문으로
산성을 휘감고도 남을 으스스한 바람소리와 함께
관이 날아오고 터져 나가면서
온갖 가면을 쓴 이들이 튀어나와
할 수 있는 온갖 조롱을 퍼붓지 뭐야
겁에 질리지 않을 수 없었어
너무 겁에 질려 지금까지 내본 적도 없는 새된 소리가 터져
나왔어
그 소리에 놀라 잠에서 깼지

이 이야기를 들은 제자들이
온갖 의미를 담아 꿈을 해석하면서
나 짜라두짜의 위대함을 이야기했지만
제자들의 얼굴조차 알아차리지 못했으니
그들의 이야기가 들렸겠어

실제로 죽음의 산성을 넘어설 수 있었던 것은
꿈속에서도 쓸모가 있었던
생명의 불씨가 갖는 신비야
그것이 있었기에 지금까지의 일을 이해할 수 있게 된 거야
모든 것이 공허하다는
예언자의 말이 틀렸던 거지, 본래부터

며칠을 굶었으니 식사를 든든히 하고 나서 알려야겠지
모두가 빠져 죽을 수 있을 만큼 충분히 깊은
바다가 있다는 것을
그 바다에서 생명의 회귀가 일어난다는 것을
그 바다를 품고 있는 지상이야말로
죽음과 삶이 교차되는 생명의 바다라는 것을

42. 거꾸로 된 정신을 넘어서

나 짜라두짜가 불구자들과 거지들에 둘러싸여 생명의 바다를
가로지르는 큰 다리를 건너고 있을 때였지
그 중에 누군가가 '자신들에게 믿음을 주려면 불구를 없애
주고 가난함을 면케 해주어야 한다'라고 말하더군
이 말을 들은 나 짜라두짜는 '맙소사'라는 말이 절로 튀어나
왔으며
한숨밖에 나오지 않았어
불구를 고친다고 떠들어 대는 자치고 불구 아닌 자가 없는
데 그런 일이 가당키나 한 일이겠어

멀쩡한 사람을 불구로 만드는 것이 세상이야
눈만 멀뚱멀뚱하는 사람
귀만 커져 있는 사람
혀가 없는 사람
머리만 산더미만 한 사람
모두 다 '거꾸로 된 정신'을 가지고 있으면서 그렇지 않은 사
람을 불구라고 하니

서로가 서로를 불구로 만드는 것이
거꾸로 된 세상의 당연한 이치 아니겠어
그들 사이를 지나가는 것은
죽음의 산성에서 만났던 눈 뜬 시체 사이를 걷는 것보다 더
위험해
시체는 눈만 뜨고 있었거든

세상에 있는 불구들은 거꾸로 된 정신을 바른 정신이라고
떠들면서 구원을 속삭이고 있으니 그 소리를 듣는 일이 고
역이 아닐 수 없어
제발 그만둬
당신의 구원은 생명을 산산이 부수어 불구를 양산하는 신념
체계 공장이잖아
공장이 멈춰지기를!

옛날이라고 달랐겠어
그때도 넘어선 사람은 없었지
과거와 과거의 그림자인 현재가 어서 지나가기를

그럼에도 불씨를 살려 넘어선 자가 있으리라는 바람이 현재
를 살게 하겠지, 실상은
당신의 짜라두짜가 불씨를 살리려고 하고 있으니

의지를 가지고 불씨를 살려봐

과거에 저당잡히기를 의지하는 것은 의지가 아니잖아

죽음을 의지하는 것은 의지라고 할 수도 없잖아

죽음의 관을 깨부수고 나오려면 힘만 들지 않아 고통도 뒤

따르지, 허나

자신의 과거를 죽이는 것이

자신의 과거를 살리면서 미래를 깨우는 불씨

과거라는 껍질 벗기를 싫어하는 것은

벗고 나면 삶을 잃고 마는 것이 아닌가라는 두려움

그러다 보니 일상은 과거를 살리려는 의지가 너무 강해

그렇다고 살려지겠어

화내지 마

과거의 의지에 지고 있는

현재라고도 할 수 없는 현재를 과거는 원하거든

넘어지지 못한 사람들은 너무나 착해

착하다 못해 과거의 의지를 들어주려다가 현재를 죽음의 산

성으로 만들고 말았으니 화가 날 만도 하겠지

그래서 다른 사람을 불구로 만드는 데 동참한 것은 아니겠

지

화난 고통을 너도 당해 보라고

혐오로 자신의 과거에 복수하는 짓은 바보 중의 상바보
넘어서지 못한 인류가
인류에게 저주를 퍼붓는 것은
복수도 아니잖아
복수한답시고 스스로 불구가 된 처벌을 받고 있으니
양심을 발현하는 일이 양심에 털 난 일이 되고 말았지

양심에 털이 나기 시작하면
광기가 슬금슬금 일을 시작해
모든 것은 사라져야 한다는 믿음의 공장을 가동하여
영원히 반복되는 죄인이라는 존재를 발명하고
벗어날 수 없는 죄의 무게추를 달아 주는 일이야
제발 그런 소리에 귀 기울이지 말고 창조를 의지해
당신은 불구가 아니야
창조의 힘을 의지해서 시간의 그림자와 죄인의 그림자에게
권력을 넘겨주지 마

이 말을 들은 제자들은 지독한 공포에 휩싸일 수밖에 없었
어
과거부터 가동된 신념의 공장에서 만든 죄인의 옷을 벗어버
리지 못했기에 죽음을 공포로 느낄 수밖에 없으니 그럴 만

도 하겠지

꼽추가 이 이야기를 듣고 나 짜라두짜에게
'왜 제자들과 우리들에게 하는 내용이 다릅니까?'라고 묻자
나 짜라두짜 왈, 각자는 각자의 삶이 있는 것이야
자네 삶은 자네 삶대로 자네의 창조 의지가 발현된 것인데
왜 똑같아지기를 바라
나도 나에게는 다른 이들과 다른 이야기를 해
그것이 창조의 의지를 실현하는 것이거든

43. 시장에 숨기를

'신중한 남자다움'이라는 말을 쓴 적이 있는데
신중함에 남자다움 여자다움이 어디 있겠어
나도 모르게 관습적으로 붙여 본 말이야
너무 신경쓰지 마
잘못했다고 하면 잘못했다고 인정하겠어
인간을 넘어섰지만 인간 세상에 발붙이고 살다 보니
신중함이 미덕처럼 여겨지기도 해서 그런 말을 쓰고 말았어
그렇게 살다 보니 인간들 사이를 지날 때는 눈을 감아
넘어서지 못한 인간을 보면 붙인 발을 떼고 싶기도 하고
모른 척하는 것이 나를 위안할 때도 있거든
때로는 나에게도 위안과 어둠이 필요하다는 뜻이야

가끔은 나를 속일 사람은 없는가 하고 살펴보면서 신중함을
실현하려고도 해. 그러기 위해서는
첫째, 속지 않으려고 신경쓰지 않는 것이야. 속이게 내버려
두는 것이지. 신경쓰지 않아 좋잖아. 인간을 경계하고 산다
면 죽음 속에서 어떻게 생명의 빛인 나의 황금곰이 인간세
에 머물러 있겠어. 그냥 어울려 사는 것이야. 미래따윈 내다

볼 필요 없이. 불운이 닥쳐도 더 큰 불운이 아닌 것을 행운으로 여기면서 사는 것이지.

둘째, 허영심이 있는 사람을 더 친절하게 대하는 것이야. 자존감이 있는 사람은 자존감 자체가 이미 그 사람에게 상을 준 것과 같아 너그러울 수 있지만, 허영심이 많은 사람은 곤란해. 자칫 잘못해서 그 사람의 허영심이 상처 받았다고 느끼면 볼만한 일이 벌어지거든.

허영심은 상대방이 던지는 부러운 눈길에 의해서만 충족되잖아. 그런 눈빛을 받기 위해서, 곧 허영심을 채우기 위해서 그들 또한 훌륭한 연기를 하므로 그들도 피곤하긴 할 거야. 피곤을 무릅쓰고 펼치는 그들의 연기를 보고 있노라면 우울증이 사라지니, 의사보다 낫지.

친절을 베풀 이유가 충분하잖아.

그들도 마음 상하지 않고 나의 우울증도 가라앉고.

더구나 그들은 겸손하기가 그지없어. 상대방으로부터 받는 눈길의 색이 그들 자신에 대한 믿음의 척도가 되니 그럴 만도 하겠지. 허나 생각하면 생각할수록 그들이 가여워. 상대의 눈길을 있는 그대로 믿다니.

이런 겸손은 아픈 겸손

불쌍하지만 아파하지 않을 수 있겠어

진실한 미덕은 무엇일까?

'나는 뭐지?'라고 물으면서

겸손으로 허영심을 채우려 하니 친절하게 대하지 않으면 되 겠어.

셋째, 선량하고 정의로운 사람들이 만들어 놓은 길을 따르는 것이 아니라 내가 가고 싶은 길을 가는 것이야. 그 사람들은 그런 나를 사악한 길에 접어들었다고 하겠지만 그 말을 듣 는 것을 오히려 즐거워하는 것이 신중함이라는 것이야. 헌데 현명한 사람이라고 하는 사람들이 정말 자신의 길을 갔을 까? 허영심을 자신의 길로 착각한 것은 아닐까? 사악한 사람 이라고 지목받은 사람이 소문처럼 사악하기만 할까? 시대의 현명한 판관이라는 이들에 의해 억울하게 죽어간 사람이 부 지기수잖아.

넘어서려는 의지를 억누르고 있는 날조된 시대정신에 구멍 을 내려는 이들을 사악한 이들이라고 부른 것은 아닐까? 포 장된 시대정신에 짓눌린 이들이 위대한 자유를 낯설어하고 두려워하도록 화형이라는 의식을 통해 공포를 조장하면서 창조의 의지를 꺾으려는 짓거리를 서슴없이 했던 것은 아닐 까? 지혜의 불꽃이 일어나는 것을 두려워해 숨기 전에 도망 가기 전에 했던 최후의 발악은 아니었을까?

넘어선 자 초인은 뙤약볕 아래서도 벌거벗고 불꽃을 받아들 일 뿐만 아니라 불꽃을 증폭시키기도 하는데, 높은 사람들 은 초인을 사악한 자의 우두머리 악마라고 부르겠지. 정신이

거꾸로 된 자들이 할 수 있는 일은 그것밖에 더 있겠어. 벌거벗은 자신의 모습을 차마 볼 수 없어, 자신의 허영에 구멍을 뚫은 자들에게 부끄러운 줄도 모르고 그런 짓거리를 하면서 허영심을 뽐내려 했겠지.

그러니 나도 신중해져야 돼. 화형당하는 것이 두려운 것이 아니야. 그것과 허영심을 충족시키는 도구가 된다는 것은 다른 일이거든. 적당히 몸을 가리고 그들의 허영심을 충족시키는 친절을 잊어서는 안 된다는 것이야. 그래서 나는 신중함의 네번째 항목으로, 그들 속에 섞여 있으면서 누가 허영심을 채우고 있는지를 헷갈리게 하는 것이지. 시중에 숨는 것이 제일 잘 숨는 것이라는 말도 있잖아.

44. 속 깊은 울음을 울 수 있는 곳

짜라두짜의 애인, 완전한 적막한 시간
생각하려는 노력을 기울이지 않아도
저절로 해야 할 일을 하고 있는 쉼터
나, 짜라두짜도 그곳에서 쉬고 싶어
전에도 틈틈이 그곳에서 쉬었지만
이번에는 좀 다른 것 같아
넘어서기 전에 쉬었던 쉼터로 되돌아가는 느낌이야
슬프게도

세월이 바뀐 탓도 있겠지만
새로운 목소리가 필요한 시대가 됐다는 신호 같아

하여, 전의 목소리를 낸다는 것이 두려워
옛소리에 젖어 있다면
전혀 새로운 기운을 느끼지 못한다는 말이잖아
그래서 그런지
속 깊은 울음이 솟아나려 하고
몸도 벌벌 떨려, 해서

나 짜라두짜에게 들려줬던 이야기를 상기하고
그 이야기를 다른 사람들에게 전파하려고 해

한편으론 어처구니가 없지만
다른 한편으론 살가죽이 질겨진 느낌이야
'네가 무슨 대단한 존재야
겸손으로 살가죽을 질겨지게 하는 존재에 지나지 않아'라는
말을 듣고 있는 느낌이 들었거든

내 가르침이 하늘이 된 것과 같은 느낌이니
이미 죽은 시체 산과 무엇이 다를까
난 그곳에 가보지 못했어
나만 그랬겠어
아무도 그곳에 가보지 못했으면서도 늘 가까이 있는 것 같
은 허구
내가 그것을 알 필요가 있을까?
난 계곡 깊은 곳만 잘 알거든

내 가르침이 허구의 산을 없애는 것은 맞지만
그곳에 다시 산이 들어설 줄을 깜빡한 거야
생각 없이 사는 어중이떠중이들이 하는 일이 그것인 줄을
간과한 것이지

내 이야기가 사람들의 귓전만 맴돌다
옛날이야기의 다른 버전으로 변형된 거야

넘어선 사람들을 얻지 못해
나를 조롱하는 사람들만 다시 득세한 것이니
어찌 겁이 나지 않겠어
본래 나는 조롱당하는 것을 대수롭지 않게 생각했지만
지금은 경우가 다르잖아
'당신들은 명령받고 움직이는 사람이 아닙니다'라는 이야기
를 듣고서도
'그와 같은 명령을 내려 주십시오'라는 식으로 변형된 것이
니

그들의 눈에는 나 짜라두짜도
보이지 않는 권력자의 명령을 전달하는 그림자에 지나지 않
았던 거야
명령서를 전달하는 일에 일말의 수치심도 느끼지 못하는
풋내기 짜라두짜로 보인 거지
그런 시선 속에서 어찌
한기를 느끼지 않을 수 있겠어

난 아무것도 감추지 않았는데

시시콜콜 다 이야기해 주었는데
그런 일들을 어려운 줄도 모르고 했었는데
또다시 그런 일을 해야 할까
나의 애인인 완전히 적막한 시간 속으로 가는 것이 인색한
일일까?

생각하면 할수록 슬픔이 솟아나 눈물을 멈추지 못했고
친구들도 말렸지만
친구들을 떠나야겠어
깊은 밤 벌레소리를 길잡이 삼아

안녕!
친구들

3부

45. 발걸음으로 보내는 위로

나는 산의 바위능선과 정상을 밟고 다니는 방랑자
땅을 떠난 하늘 신들을 땅으로 되돌리려는 나의 자비지
이젠 확률과 우연으로
방랑을 의지하는 것이 내 운명이라는 것을 알아
자신의 걸음걸이밖에 다른 자신이 있겠어
광야에 머무르는 것을 행복으로 삼지 않는 나는
마지막 남은 산 정상을 넘어서고 나서도
방랑은 계속되겠지

생물은 되어 가는 것이지 멈춰 있는 것이 아니잖아
방랑을 멈추는 날, 나는 존재하지 않을 거야
방랑은 나를 만들어 가는 조각들을 수집하는 일
있던 조각들이 빠지면 다른 조각들이 들어와
확률과 우연 속에 조각들이 운명처럼 자리 잡으면서
되어 가는 나가 존재한다는 것을 나는 알아
이것이 방랑을 멈추지 않는 나의 존재 방식
언제나 마지막 남은 것 같은 정상을 밟는 것이지만
발길 닿는 곳밖에 나의 삶이 없으니

마지막 남은 정상이라고 해서 따로 있겠어

정상과 절벽이 하나인 듯한 걸음걸이를 걷는 것이
방랑자의 신표
위험하고 위험해
생명의 길이 그러하니 용기는 필수지
위대한 걸음에는 그만한 위험을 감수해야 되잖아
스스로의 발자국조차 지우는 걸음걸이야말로
다른 사람의 용기를 칭찬하는 방법
이미 난 길만을 따라 걷는다면 죽는 삶과 무엇이 달라

길 없음, 통행불가인 정상과 절벽이 하나 된 곳을
성큼 내디딜 수 있는 용기는
머리로 바위를 밀면서 숨이 가쁘다 못해
견딜 수 없는 지경에 이르러
단단한 머리가 부드럽기 그지없게 되고
가장 부드러운 생각이 단단한 망치가 되어
안팎을 꿰뚫어 관조할 수 있을 때라야 나오지

그쯤 되어야 자신을 넘어설 수 있다는 것이야
자신을 내려볼 수 있는 눈은 별들조차 내려볼 수 있어
그곳이 정상이야

자신을 넘어선 곳

짜라두짜의 위로는 발에 보내는 위로
발은 넘어설 필요가 없어
언제나 넘어서고 있거든
머리는 넘어서야 돼
머리에게 위로를 보내길

그러다 보면 지워진 발자국처럼
머리가 만든 왕국도 지워지면서
슬픔이 몰려와
위로의 눈물이 필요한 때이지

마지막 고독이 동반된 슬픔은 바다의 빛조차 슬픔을 연주해
넘어선 자는 바다 깊숙이 내려가야 하거든
망설임이 뒤를 잡아 당기지만
넘어선 정상이 깊고 깊은 절벽의 밑바닥이었으니!

푸르다 못해 앞뒤조차 분간할 수 없는 깊이가
새끼 잃은 소의 울음처럼
깊고 슬퍼
고통의 끝이지

그런 울음소리는 새끼와 이별하는 의식이니
소인들 견딜 수 있겠어
어미 소의 깊은 슬픔을 뒤로하고 새끼 소도 정상을 향해
갈 수밖에 없잖아

삶이 그러한데 어찌하겠어
가장 높은 생명활동은 가장 깊은 슬픔 속에서 시작된다는
뜻이야

하니, 정상에서 부는 차가운 바람에 맞서려면 깊이 없는
슬픔이 필요해
슬픔이 그리움으로 가득한 그곳이 있기에 정상의 찬 바람을
견딜 수 있고
그리움이 이끌기에 절벽도 무서워하지 않고 짙푸른 바닷속
도 거닐어 볼 수 있는 것
모든 것이 잠들어 있는 것 같은 그곳이
더운 숨을 내쉬는 곳이니
꿈꾸는 그리움이 그곳을 찾아낼 수 있었겠지

자신을 넘어서려는 사악함이, 실은
그리움을 채우고 있는 꿈을 깨워
위로의 노래를 부를 수 있게 해

믿을 수 있는 자는 적이잖아
뒤통수 맞을 염려는 안 해도 되니
적의 공포를 위로 삼아
고독한 방랑자의 길을 걷는 거지

사랑은 사치야
사치지만 그리워
그리움이 사무치니 화도 나고 서럽기도 해
깊은 울음을 울 때가 된 것이지
친구들한테 가는 마지막 의식치고는 괜찮지 않아
조만간 찾아갈게

46. 새로운 창조주가 나타나고

모두들 흘러가는 생명의 강에서 자신의 배가 〈행복이 가득
한 섬〉이기를 바라고 있어
짜라두짜도 함께 타고 있었지

슬픔에 잠긴 채로 먼 곳에서 왔다가 먼 곳으로 가는 배
온갖 위험이 도사리고 있는 배, 허니
이 배를 탔다는 것만으로도 용기 있는 행동이 되고
용기가 있었기에 유혹의 소리를 견뎌내고 거친 물길에서도
〈행복이 가득한 섬〉을 이루려고 하겠지

자네들 용기 있는 자!
내가 지난 이틀간 꾸었던 꿈을 들려줘도 견딜 수 있을 거야
사실 나는 세상에서 가장 고독한 자야
내 이야기를 동조해 줄 친구는 없고
나의 주적인 중력의 영은 블랙홀처럼 나를 끌어내려
생각 없이 그냥 살라고 끊임없이 유혹하니
내 인생길이 어떻겠어
보지 않아도 알 수 있겠지

용기 있는 그대들! 한번 생각해 봐
죽음처럼 칙칙한 황혼과 같은 길
풀조차 볼 수 없는 산길을 걷고 있는 나를
중력의 영은 생각 없이 걸으라고 사정없이 끌어당기니 넘어
서기가 얼마나 힘들었겠어

중력의 영이 하는 일은 생각 없는 병신을 만드는 것인데 이
일이 생명 있는 이들에겐 치명적인 독이야
어깨를 짓밟고
귀에다가 녹인 납을 붓고 나서
납보다 무거운 칙칙한 생각만을 하도록 만들거든
혹시라도 자기다운 생각을 하기라도 하면
낮은 목소리로
'밑으로 떨어져 조용히 사는 것이 상책이야'라는 주문을 끝
없이 외우지
주문을 외우지 않을 때는 더 무서워
내가 적의 수중에 떨어진 것이 아닌가 라는 두려움이 몰려
오거든

중력의 영과 함께하는 것만큼 고독한 것은 없어
고독에 이골이 난 짜라두짜였기에 중력의 영을 넘어서려는

의지에 눈빛이 더 반짝거렸고

고독 속에서 더 크게 솟아나려는 용기로 무장된 나 짜라두

짜였기에 중력의 영이 쳐 놓은 덫 따윈 더이상 장애가 되지

못했으며

절벽에서 까마득한 바닥을 보는 심정이었지만

두려움이 앞서지는 않았기에

그 힘으로 중력의 영에게 소리쳤지

'난쟁이 멈춰!'라고

난 까마득한 절벽 끝에서도 쪼그라드는 심장이 없거든

이 말을 들은 난쟁이가 심장이 쪼그라들었는지 어깨에서 내

려오더군

끔찍한 놈이지

심장까지 파고들어 사람 속을 지배하려 드는 놈이 내 소리

에 놀라 내 앞에 쭈그러졌지

허나, 인생의 관문이 이것 하나겠어

하나의 관문을 지나면 또 다른 관문이 보이는 법

이번 관문은 무엇일까 하고 봤더니

아무도 가본 적 없는

과거의 영원과 미래의 영원이 이어져 있는 길이었어

그 길의 관문에는 〈현재 순간〉이라는 문패가 달려 있었어

그런데 묘해
문패에는 분명 현재 순간이라고 쓰여 있는데
그곳에서는 끝없는 과거와 미래만 보여
일어나지도 않은 미래가 현재 순간에 담겨 있다는 것은
끊임없이 변형되는 과거가 미래를 현재로 끌어오고 있다는
것이지, 허니
현재 순간이 없다면 과거와 미래도 없고
과거와 미래가 없다면 현재라고 있을 수 있겠어

현재가 탄생되는 순간 과거와 미래도 탄생된다는 것이야
세 가지 시간의 형태가 하나에 담겨 있으면서 세 가지가 되
니
하나로는 어느 것도 없어
현재가 미래로 가는 것이 아니라 현재가 미래를 끌어오는
것과 같다는 것이지
과거의 변형인 미래를

변형이라는 말이 뜻하듯
과거가 지나갔다는 뜻으로의 과거가 아니며
미래 또한 아직 오지 않은 시간이 아니야
말에 속으면 안 돼
시간의 흐름은 없어

삼세가 담겨 있는 흐름이 시간을 창조하는 것이지

하늘거리는 갈대의 몸짓이
공간을 흔들면서 흔들리는 공간이 되듯
달빛 머금은 물이 달그림자를 변형시키듯
과거가 미래가 되는 순간이 현재 순간이야
그래, 현재 순간은
한 번도 현재의 순간인 적이 없어
현재는 언제나 영원한 현재로 과거와 미래가 회귀하면서 달
리는 그림자

서글픈 달빛 따라 처량하게 우는 멍멍이의 소리도 영원을
담아 회귀하는 현재의 소리이면서
유령 같은 과거와 미래의 멍멍이를 만드는 순간이며
자신도 유령이 되어 가는 순간
멍멍이는 알고 있었던 것이야
자각 없는 무심이 멍멍이의 현재 순간이면서 영원인 것을

자각하지 못한 것이 나은 것 같아
유령을 맞이하는 그림자 유령 놀이가
현재 순간의 삶이라는 것을 아는 것이 얼마나 슬픈 일이겠
어

몰라도 놀라고
알아도 놀라

불쌍한 현재 순간에
쪼그라든 중력의 영이 생각나
주위를 둘러봤으나 찾을 수 없었어
하기야 유령처럼 깨어 있으면서 자기도 하고
자면서 깨어 있기도 한 나는
처량한 달빛이나 벗할 수 있는 절벽을 삶터로 삼았으니
누가 곁에 있으려고 하겠어

헌데, 인가라고는 눈 씻고도 찾을 수 없을 것 같은 절벽임에
도 불구하고
'사람 살려'라고 울부짖는 개 소리가 들려
가서 봤더니 끔찍한 광경이었어
젊은 양치기의 입속으로 뱀이 들어가고 있지 뭐야
진실로 혼이 빠진 인간의 얼굴을 처음 봤어, 해서
뱀을 꺼내 보려고 했지만 꺼낼 수 없었어
할 수 있는 일이라곤 '물어'라고 소리치는 수밖에 없었지

헌데 공포, 증오, 연민, 선 악 등등도 호통 소리에 놀라 터져
나왔던지

이 한마디 호통으로 영원회귀를 실현할 수 있는 사람을 맞
이할 수 있었어
새로운 창조주가 나타난 것이지
뱀을 물어뜯은 양치기가 창조주가 되는 순간이었으며
선 악 등을 몰고 다니던 나 짜라두짜가
선악을 넘어 웃을 수 있었던 순간이었어

참을 수 없는 웃음에 삶과 죽음을 담아내니
사는 것도 웃음이요
죽는 것도 웃음
웃는 현재 순간이 영원을 사는 순간이 된 것이지

47. 새벽녘 빛처럼 피어나는 행복

영원한 과거와 미래가 현재 순간 하나를 창조하듯
기꺼이 혼자가 된 나 짜라두짜
친구들을 떠난 미안함보다도
떠도는 행복이 나를 찾아와
환하게 밝은 영혼에 행복이 깃드니
빛조차 고요한 한낮에
가장 깊은 절벽 안쪽까지를 활짝 열어
사랑하지 않고는 배길 수 없는 세상을 창조했지

꽃샘바람이 불어 볼이 빨개지기는 했지만
품어 안은 따스함으로 행복이 가득한 섬이 생겨난 거야
지금은 품어 안은 따스함으로 추위를 이겼지만
때가 되면 혼자서도 꽃샘바람을 기대하겠지
옛적 생각은 가끔가다 현재 순간을 넘어서게 하는 힘이 되
기에
그 힘으로 미래를 끌어와 꺾이지 않는 생명 활동을 하면서
생명의 등대가 되겠지

생명의 의지가 몸이 돼

일부러 마음을 쓰지 않아도 되는

무심으로 말하는 법을 익혔으며

말을 하면서도 침묵할 수 있고

주기만 해도 가득 차는 법도 익혔고

현재의 순간에 머물지 않고 현재의 순간을 넘어가면서

현재의 순간을 창조하는 힘을 익혔으니

멈추지 않고 창조하는 순간이면서 자신조차 잃어버리는 순간

매 순간 새롭게 창조되는 나와 세상을 사랑하지 않을 수 있을까?

사랑하지만 사랑에도 그림자가 있었어

서리 내리는 겨울 같은 그림자야

무덤 속에 들어가 숨이 끊긴 것 같은 과거가

슬금슬금 다시 깨어나는 어두움이지

사랑도 넘어서야 했던 거야

문틈으로 스며들었던 죽음의 바람이 외쳤던

'시간이 됐어'라는 말을 새겨들었어야 했어

과거를 넘어서기만 하면 된 것이 아니었던 것이야

사랑하는 현재 순간까지도 넘어서는 디딤돌로 삼았어야 했

던 것이지

새조차 깃들기를 욕망하지 않는 그곳
끝이 보이지 않는
까마득한 절벽 끝에서
절벽을 정복한 기쁨에 들떠 있던 나 자신을 넘어서야 했어
의지하지 않았던 순간에 밀려든 행복에게 안녕을 말하고
보이지 않는 어둠속에서 영혼의 빛을 피워야 했던 거야

이런 생각으로 저녁의 어둠 속에서 불행이라는 느낌이 찾아
오기를 기다렸는데 소용이 없었지
새벽녘 빛이 피어오르듯
행복이 넘쳐나니
행복을 피할 길이 없었어

48. 너와 나의 깊이와 아름다움 ― 확률과 우연

저 깊은 절벽 아래와 같은 심연으로부터 들려오는 자신의
소리를 듣지 못하게 하는 안개구름
행여 제 소리에 귀를 기울이려는 낌새라도 보이면 살금살금
스며들어 '세상은 정해진 대로 굴러가는 거야, 애쓸 것 없어'
라는 말로 고막을 울려 다른 소리를 듣지 못하게 하지
'영원한 자의 의지'라는 말도 되지 않는 소리와 이유를 대면
서 어리석음을 지혜로 둔갑시키는 기술자 안개구름

그런 기술자가 아무리 애를 써도
뜻을 감추어 말하지 않는 빛의 지혜와
거친 파도 같은 영혼의 계시가
해도 뜨기 전에 말없이 고독자의 품에 스며들면
안개구름도 넘어서고 나도 넘어서며 또 다른 나를 창조하면
서 해맑게 미소 지을 수 있지

저 아래 안개구름이 만드는
강요와 목적과 죄책감을 체화하는 것을 잘 산다고 여기면서
복종의 의무를 삶의 의지로 삼는 이들을 보면 안개구름을

실컷 두들겨 패고 싶지만

너무나 교활한 안개구름이라

그 일도 쉽지 않아 나는 싸움꾼이 될 수밖에 없었어

싸움 기술은 빛의 절벽 가장 깊은 곳에서 터득했지

그곳에서 보면 하늘 높이가 나의 깊이가 돼

높이와 깊이가 하나의 품을 이루면서 아름다운 지혜의 빛이

포근히도 빛나는 순간을 경험하고 나서

넘어서고 날아오르는 것이 나의 의지가 됐던 거야

의지가 실현되고 보니

〈확률과 우연〉이야말로 신들 중에서도 가장 나이 많은 귀족

인 줄 알았어

넘어서려 할 때는 넘어서는 것만이 목적인 줄 알았는데

넘어서고 보니 〈확률과 우연〉

〈확률과 우연〉을 가르치고 배우는 일이야말로 가장 축복받

는 일

〈확률과 우연〉이 하는 일이 창조니 더이상 말해 무엇하겠어

〈영원의 의지〉가 지향하는 목적 따윈 없으니

목적을 위해 봉사하려는 생각은 안개구름을 불러들이는 일

생각에 구름이 꼈으니 앞이 잘 보이겠어

〈딸랑딸랑〉 하는 종소리를 따라 이곳저곳 방랑하면서 인생
을 허비하는 것을 목적을 이루는 것인 양 살 수밖에 없겠지
안개구름이 원하는 일이 그것 아니겠어
합리성 따윈 없어
거침없는 확률과 우연이 있을 뿐이야
목적이 없으니
내일을 창조하는 것도 아니야
거침없는 무지가 내일을 오늘로 만드는 것이지

거침없는 창조행위가 지혜로 보이겠지만
지혜가 창조하는 것도 아니야
무엇이 되어도 좋은 무지가 창조적인 지혜의 밑거름
창조는 〈확률과 우연〉의 춤이며
넘어서는 일이 창조의 춤이니, 그 춤으로
이성도 넘어서고 이성이 만든 거미집도 넘어서지

이것이 너에 대한 나의 축복
겸손한 하늘이
빛나는 하늘이
포근한 지혜의 빛을 드리우기 시작하는 동트기 전의 이야기

낮이 되면 우린 헤어져서

〈확률과 우연〉의 춤을 추어야 할 거야

나에게 찾아온 현재를 넘어서면서
현재를 창조하는 너 영원
너의 깊이와 너의 순진함이야말로
나의 깊이와 나의 순진함이 되니
〈확률과 우연〉이라는 신 중의 신이
나와 너의 깊이와 아름다움

49. 굽혔으니 안락을 주세요

1.
오랫동안 홀로
깊은 사유의 바다 여행을 마치고
여행 내내 있었던 사유를 살찌우기 위해
동굴로 갈까 하다가 세상을 돌아다녀 보기로 했어
사람들의 사유가 얼마나 깊고 넓어졌는가를 알고 싶었거든

헌데, 새로 지은 집들을 보고 놀라자빠졌어
생각이 깊고 넓어지기는커녕
쥐방울만 한 생각을 가진 사람들만 살 수 있는 집을 짓고서
그 속에서 희희낙락하고 있는 것을 보니
억장이 무너졌지

더욱 한심한 것은 겸손을 가장한 낮은 삶을 보여 주기 위해
굽히지 않으면 드나들 수 없는 문이 관문처럼 버티고 있는
것이었어
'굽히세요,
그것이 당신의 미덕입니다'라고 말하고 있는 것 같았어

〈축소 미덕〉이 미덕이 된 세상이라니

2.
저 혼자 〈축소 미덕〉을 미덕이라고 여기면서 산다면
연민심이라도 가져볼 수 있겠지만
축소 미덕을 부러워하지 않는 사람을 보면 가만두지 않고
쪼아대니 원!
그렇게라도 하지 않으면 살 수 없는 상황이 이해되는 것 같
기도 하고, 그렇게 하고 있는 자신들의 상황이 부끄러운 것
임을 잊기 위한 몸부림처럼 보이기도 해서
안됐다는 생각이 들기는 했어
생각의 힘을 기르지 못한 탓이 클 거야

집에 갇힌 생각으로는 결코 짜라두짜를 이해할 수 없어
생각 없이 비난하기는 쉽겠지만 이해하려 하면
머리에 쥐가 날 것이니 그렇기도 하겠지

그런 와중에도 온갖 말들이 오고 가지만
침묵하는 것과 같은 일이 벌어지기도 하니
무심도 그런 무심이 없을 거야
나 짜라두짜도 처음으로 본, 말 속의 침묵이며
온갖 소음도 소음이 되지 않는 무심의 경지였어

무심의 경지가 높다 보니
순간순간 정신을 창조하고 있는 짜라두짜에게서 전염병이
옮을까 무서워
옆사람더러 애를 멀리 데려가라고 하더군
나 짜라두짜가 사람들의 영혼을 망치는 눈빛을 가졌다나 뭐
라나

굽히는 안락이
창조의 행복을 앗아갔으니 그럴 만도 하겠지
스스로를 창조하는 시간을 갖지 못하고
예속된 시간 속에서만 살았으니
짜라두짜와 함께하는 시간이 무엇을 뜻하는지 어떻게 알겠
어

이들의 칭찬은 칭찬이 아니라 바늘방석
'굽혔으니 안락을 주세요'라는 멜로디가 박자도 맞지 않고
제멋대로 흘러나오는데, 그것에 맞추어 복종의 춤을 추는 것
이 미덕이 된다는 의지를 기르려는 수작
눈을 크게 뜨지 않으면 어느새 따라 추게 되겠지
춤을 춘 시간만큼 더 작아져 가는 미덕
굽히다 못해

다른 사람의 의지에 따라 추는 춤을 자신의 춤인 양 연기하
게 돼
자신조차 속아 넘어간 춤이니 잘 춘 것처럼 보이지만 의지
가 없잖아
적당한 연기가 미덕이 된 것이지

하기야, 넘어서려는 자들이 당한 것을 너무 많이 봐왔기에
복종이 미덕이라는 뜻이 마음에 와닿았겠지
영리한 사람일수록 어디에 복종해야 하는지를 잘 알며
복종하는 자에게 안락의 미덕이 상처럼 주어진다는 것을 대
를 이어 경험하다 보니
의지 없이 추는 춤을 합리화하는 것은
생각하지 않고도 생각할 수 있게 됐겠지
'살아남아야 하잖아'라는 소리에 어울린 〈축소 미덕〉이 미덕
의 으뜸이 된 세상

3.
〈축소 미덕〉이 자리 잡은 데는 〈복종을 가르치는 사람〉들의
역할이 컸을 거야
경배를 드리는 의식이
축소 미덕을 기르는 교육의 첨경이거든
넘어서야 할 의지를 실현한 사람들이 어떻게 당했는가를 보

여 주면서 〈똑똑한 척하는 사람〉들을 동원해 복종을 의지하
게 하는 의식이지

〈확률과 우연〉의 춤을 추면서
자신에게 의지를 부여하는 의식이야말로
의식 가운데 으뜸 되는 의식이지만
'한 번만이라도 그런 춤을 추는 사람을 볼 수 있다면 좋겠어'
라는 생각이 들 정도로 자신의 의지대로 춤을 추는 사람이
드물어
축소되고 축소되어
더이상 축소될 수 없을 때라야 자신이 의지를 빼앗긴 줄 알
까

안락을 준다고 하면서도 자신의 의지로는 안락을 경험할 수
없게 해
안락조차 복종을 준비하는 시간으로 만든 게 아닐까? 라는
의심의 싹이 터야 할 텐데
그와 같은 싹이 커야 안락도 자신의 의지에 따른 안락이 될
것이고, 행동도 확실하게 자신의 의지를 따를 수 있을 텐데

의지의 싹이 잘 자라야 의지대로 행동을 할 수 있지 않겠어
자신을 사랑할 수 있는 것도 거기서 나오고

복종의 의지를 경멸할 수 있는 것도 거기서 생기며
이웃을 사랑할 수 있는 것도
스스로의 행위를 의지할 수 있을 때라야 가능하다는 뜻이야

축소 미덕과
복종하려는 의지를 의심하는 전령이 일을 시작해야
의지란 의지가 다 죽어난 황폐한 들녘에도
의지를 다시 밝혀 줄 위대한 정오의 태양이 가까이 오는 줄
알 텐데

50. 거침없이 살기

모든 우상으로부터 해방된 진객

겨울 손님

어떤 깍다귀도 날지 못하게 하지

자네한테만 살짝 귀띔해 줄게

나는 깍다귀도 찾지 않을 만큼 가난을 사랑해

내 머릿속에도

나의 뱃속에도 〈우상으로 변한 불〉이 하나도 없으니

깍다귀가 찾아올 이유가 있겠어

냉수욕으로 겨울조차 조롱하는 사악한 나인데

힘 있는 사람한테 평생 긴 적이 없는 나를

사악함으로 무장된 나를

힘 있는 사람이 찾아올 리도 없지

사람 좋은 얼굴을 한 그들은

빼앗을 것이 있는 사람을 귀신같이 찾아내 껍질까지 빼앗아

갈 궁리를 하기도 바쁘거든

난 사는 것 자체가 한기야

살짝 바람만 불어도 깨질 것 같은 겨울하늘 얼굴을 하고 있
으니 우상도 피해가지
피하지 못한 우상은 나의 한기에 얼어붙고
나의 숨결에 산산조각나

하여, 조각나고 싶지 않은 우상은
요염한 미소를 지으면서 '당신의 한기를 빼주겠어요'라고 아
양을 떨지
나의 가난을 빼앗고 나를 길들이려고 하는 수작
할 수 없이 산산조각내고 말았다고 해야겠지

사악하지 않으면
거침없는 삶을 살기 어려워
사람 좋은 얼굴을 한 무리에 들어가면
남아 있는 일이라곤 뒤통수 맞는 일밖에 없거든
맞고 나면 더 추울 거야
제대로 된 가난이 아니라 뺏겨 가난하게 된 처지라
남아 있는 일이라곤 고개 숙이는 일밖에 없는
깍다귀의 먹잇감이 되고 말았으니

가난조차 숨겨야 하는 시대야
쨍한 겨울 하늘 같은 침묵으로

겨울 산같이 속이 훤히 드러난 모습으로
거침없이 사는 의지를 감추어야 해
침묵조차 감출 수 있는 기술을 익혀야 해
제 속을 다 드러낸 것 같은데도
숨긴 것이 아무것도 없는 것 같은데도, 그 속에
거침없는 의지가 숨어 있어야
사악함을 즐긴다고 할 수 있거든

사람 좋은 얼굴을 하고 판을 읽고 있는 사람들은
진흙탕 속에 숨겨진 의지는 쉽게 낚아채지만
쩡하고 깨질 것 같은 겨울하늘처럼 투명한 곳은 그냥 지나
치지
이곳은 낚아챌 것이 없다고 하면서

거침없이 살려면 누구와 친구 해야 하는지를 알겠지
겨울 진객 말고는 없을 거야
판을 읽는 사람들은 속이 보이지 않는 사람을 보면 배를 갈
라서라도 그 속을 보고 싶어 하니
그런 판에서 거침없이 살아남으려면
가난조차 뺏기지 말아야 해
사악한 의지로 그들의 연민을 받아들이는 것이지
판을 읽는 사람이 좋은 얼굴을 유지하는 비결은

더이상 뺏을 것이 없는 이들한테 연민을 베푸는 것이거든
부자를 열망하는 이들을 가난에 묶어 두려는 의지지

그들은 나 짜라두짜가 갖고 있는 가난의 깊이를 모르면서
연민으로 나를 죽이려 하지만
나 짜라두짜는 겨울 숲의 나무들이 새싹을 키우고 있듯
빼앗기지 않는 가난이 만들어 낸 더운 바닷바람과 같은 행
복의 열기를 벗 삼아
높은 언덕 우거진 나무 그늘에서 연민을 조롱하지

51. 섬기는 것이 미덕이 된 도시

어느 날, 섬기는 일을 일생의 과제로 삼는 이들이 사는 도시
에 들어가려는데, 광대가 막아서면서 이곳에 들어가려는 것
은 제정신을 뺏기는 일만 있으니 그냥 돌아가는 것이 좋을
것이라고 툴툴거리지 않겠어
제정신을 갖고 사는 것은
은둔자들이라고 해도 쉬운 일이 아닌데, 은둔자들의 정신조
차 장조림 해버릴 수 있는 독무가 지독하다는 것이야
쉽게 말해서 정신이 없어야 사는 곳이라고 하면서
쨍하고 깨질 것 같은 시린 하늘 정신을 갖고 있는 당신한테
는 발길 닿는 곳마다 숨이 턱턱 막힐 테니 제발 들어가지 말
라는 것이야
산산이 찢겨 넝마가 된 정신으로 신문을 만들고
그것을 여론이라고 하면서 구정물 같은 말로 금화가 내려지
기를 갈망하는 눈초리를 보기라도 하면
정신이 멀쩡한 사람도 돌아버린다고 하더군

맞는 말이긴 해도 그 말을 하는 광대도 제정신이 아닌 것은
마찬가지였어

아무 의지도 없이, 자신에게도 쓸데없는 말을 하는 재간으로
광대 짓을 하면서 살고 있는 것이거든
광대 짓이라도 해야 먹고살 수 있겠지
섬기는 일만이 미덕이 된 도시에서는

되지 않는 소리를 더 큰 소리로 지껄여대는 이들에게는
'잘 섬기는 종'이라는 것을 뜻하는 훈장을 주는데
더욱 열심히 알랑방귀나 뀌고 살라는 뜻이지, 이는
훈장을 받지 못한 이들에게 섬기는 목소리가 크지 못한 것
을 한탄하게 하면서 더욱 낮은 자세로 섬기기를 맹세하게
하는 장치야

정신이 장조림 당해 금화가 주인이 된 곳이라
생각다운 생각은 모조리 쓰레기 더미에 묻혀 질식되고 말아
침조차 뱉을 곳이 없는데
광대는 쉬지 않고 자신의 정신도 썩어 문들어졌다고 떠들고
있으니, 원!

쓰레기 더미에 기생하는 광대가 불쌍하기도 하지만 그런 말
을 하고 있는 꼴은 더이상 볼 수가 없어 '너나 떠나세요!'라
고 소리치기도 민망했어
제 몸에 대해서도 제 도시에 대해서도 일말의 경외심과 사

랑도 없는 사람의 소리는 스스로 늪에 빠져드는 속도를 높
이는 일뿐이거든
사랑이 있어야 경종도 의미를 갖는 것인데
광대다운 광대도 사라지고 만 것이지

한때는 광대도 제정신을 갖고 있었으나
섬기는 정신을 칭찬받고 그 칭찬으로 허영심을 채우다 보니
결국 누구한테도 칭찬받지 못한 신세가 되어
남는 것이라곤 쪼가리 양심밖에 없어
자신도 도시의 괴물이 되고 만 것이지

복수는 꿈도 꾸지 못한 광대나 도시를
어떻게 해 볼 방법이 없으니
생각하면 한숨밖에 나오지 않아
구역질이 나오기 전에 얼른
지나가는 수밖에

숨을 그림자가 만들어지지 않는 정오의 뜨거운 불꽃에
섬기기만 하는 정신이 태워지기 전까지는
살려고 하는 일이 죽어가는 일인 줄도 모르겠지
바보 같은 광대지만 이것도 인연이라 아무 쓸모가 없을 줄
알면서도 한마디했어

사랑하지 않거든 그냥 떠나가라고
나도 그냥 지나갈 수밖에 없었거든

52. 고마워, 제대로 미친 친구들

1.
한때는 태어나는 것이 의미였고 꽃이었으며 희망이었던 시
대도 있었지
바람에 하늘거리는 나뭇잎도 제 빛으로 빛나던 그 시절
어쩌다 팍 늙어 버리게 됐을까

더 많이 교육받고 더 많이 알면서도
꽉 찬 이미지에 소모되는 시간만큼 무기력해지고
무기력한 것이 안락함이 된 세상
희망이라곤 죽고 나서 좋은 곳에 간다는 믿음만이
그런대로 살게 하는 것 같은 허구
걸음걸이조차 조작된 모습일진대
무엇을 향해 그리 바삐 가는지

찾으려 애쓸 필요도 없던 시대를 지나
제 스스로 생명의 빛을 내고 제 의지를 의지하려던 시대도
있었으나
지금은 무릎 꿇는 것을 의지라고 내세우는 시대니

잿빛 도시도 그렇게 해서 생겨났겠지
생명의 빛이 저물어 가는 시대가 된 거야

그렇다고 희망이 전혀 없는 것도 아니야
비겁한 영혼들 속에서도
거침없는 영혼이 있어 바람보다 먼저 일어나기도 하거든
심장이 쪼그라든 시체 같은 사람이나 심장조차 없는 어릿광
대, 그리고
믿습니다로 자신의 삶을 산다고 여기는 사람들에게
미친놈이라는 말을 듣는 진짜 미친놈이 있다는 것이야
이들조차 없었다면
나 짜라두짜는 산에서 내려올 엄두조차 못 냈겠지
고마워
미친 친구들

함께 손잡고
시든 나뭇잎을 믿는 이들을 지나쳐도 좋고
코웃음으로 나뭇잎을 떨어뜨려도 좋아
무릎 꿇는 놈들은 쪼그라들 심장조차 남아 있지 않으니
좀비처럼 '믿습니다'라는 구호에 맞추어 도망가도록 하는 것
이 최상의 대처법

2.

'믿습니다'라는 말은 '나는 죽음을 욕망합니다'라는 말을 넘
어 진짜 영혼을 죽여 버리는 거꾸로 된 행동의 지침
자! 그들 모두에게 박수를 보냅시다
빨리 떠나게 된 것을 축하한다고
부끄러움을 모르는 이들한테 보내는 찬사로는 이보다 좋은
것이 없지 않겠어요
행여 그들에게 연민심이라도 갖게 된다면
좀비 신세를 면치 못하리니
독실한 자를 만나거든 미친 척이 최고

독실할수록 연민심을 자극하여 자네의 영혼을 가둘 덫을 준
비해 놓고
부드러운 말 속에 숨어 있는 독으로
그대의 정신을 가두는 기술만은 최고의 경지에 올랐거든

좀비한테는 청춘의 봄도 없고
꽃을 피울 방법을 잊은 지가 오래라
할 수 있는 일이라곤
은혜를 입었다고 부르르 떠는 것밖에 없어
독을 사방으로 펼쳐 혼을 뺏는 의식이지

혼을 뺏을 뿐이라면 그런대로 참을 수 있을지 몰라도
너무나 부드럽고 슬픈 어조로
자네를 죄인으로 만들고
죄의식으로 가득 찬 호구를 만드는 의식

혼이 뺏긴 상태에서 집어넣어진 죄의식이라
언제 어디서나 무릎 꿇고 참회하는 일을
자신의 의지처럼 하게 되니
허수아비도 그런 허수아비가 없어
까마득한 옛날부터 그랬던 것처럼
정신 나간 일을 정신 차린 일이라고 여기게끔 마음이 바뀐
거지

마음 절벽을 살필 수 있는
독수리와 같은 통찰력과 뱀과 같은 지혜가 없었다면
나 짜라두짜도 신이었던 마음이 좀비마음으로 바뀌었다는
것을 몰랐을 거야, 하지만 이젠 알아
절벽을 내려가면 온갖 세계를 펼칠 수 있는 마음동굴이 있
다는 것을
그곳에 가려 하니 벌써부터 기쁨이 넘쳐
제대로 미친 이들만 느낄 수 있는 기쁨이지

53. 축복받고자 한다면

깊은 잠에 든다는 것은 존재라는 말조차 사라지는 세계가
펼쳐진다는 것
깨어 있을 때 들었던 의지도 없는 말과 의미도 왜곡된 말들
을 정리하려면 말 없는 시간이 필요하지
말의 표면을 뚫는 것만으로는 부족해
말 자체가 사라진 집──고독한 자만이 깃들 수 있는 집──
에 깃들어 되어 가는 존재들을 창조할 준비를 하려면

군중 속에 있어도 쓸쓸한 자만이
설렌 마음으로 게 눈 감추듯 침묵조차 말이 되지 않는 곳으
로 가 새로운 세계 이미지를 만들어 낼 수 있어, 아무도 알아
주지 않는 쓸쓸함만이 온전히 자기됨을 알려주는 징조

쓸쓸함이 없으면
실패한 창조, 그와 같은 짓은
어중이떠중이들의 믿는 마음에 조공 바치는 것과 다를 것
없는 짓거리
외줄 타는 곡예사는 훈련이라도 했지만

넌 어쩔 거야
짐승보다 위험한 사람들 틈에서 의지할 줄 하나 없는데
쓸쓸함으로 위로 삼아

적막이 적막에 지쳐
적막의 가르침을 펼치려는 유혹에 넘어가면
침묵을 참회하게 되지
고독하지 못한 쓸쓸함
알아주지 않음에 대한 쓸쓸함이 생겼다면 너의 용기는 무릎
을 꿇고 타협하려 해
고독의 힘을 잃게 되는 것이지

고독은 너 짜라두짜가 짜라두짜가 될 수 있는 힘의 근원
듣는 이 없어도 깊고 부드러운 말 속에 용기 있는 기쁨이 있
잖아
변하면서 새로운 사건이 되어 가는 모든 존재들의 용기를
받았기에
고독하지만 쓸쓸하지 않고
알아듣지 못한다고 슬퍼하지 않고
창조의 말들을 쏟아낼 수 있잖아

더이상 무엇이 필요해

쓸쓸해하지 말고

그냥 지나가면 돼

건드려 봐야 좀비들의 멍한 눈이 깨어나겠어

소음에만 반응하는 좀비들의 숨결이

안개구름이 되어

고독한 길을 막기 전에

적막함을 길잡이 삼아 가슴 시린 숨을 쉬어

바람결에 몸을 맡기는 것 같은 풀잎도

하늘거리는 나비의 날갯짓도

깊은 속조차 표면인 것 같은 사람의 헛소리보다 나아

독수리의 눈과 뱀의 눈이 없는 이들이 떠들어 대는 진실은

겹겹이 표면

까도 까도 그 자리

선량함으로 무장됐으나

조장된 선량함이라 자칫 이들의 눈 밖에라도 나면

자유란 자유는 모두 화형을 당하게 돼

자유를 화형시키는 것이 그들이 말하는 진리를 수호하는 것

이니

연민심으로 그들을 칭찬하길

고독을 즐기려면 그 정도는 희생해야 하지 않겠어
안된 일이긴 해도
그렇게 하는 것이 현명한 일인 것 같기는 해
곳곳에 무덤 파는 일꾼들이
번뜩이는 눈으로 희생양을 찾거든

겁주는 것이 좀비 체제를 지탱하는 율법
이름난 학자들의 연구와 실행에 의해 증명된 일
숨조차 겁먹은 상태여야 그들의 눈총을 피할 수 있으니
늪을 걷는 것도 이보다는 나을 거야

사람은 산에서 살아야 된다는 의지가 작동하기도 전에 산으
로 가야 돼
숨이라도 편하게 쉬어야 되지 않겠어
좀비의 숨결에 스며 나오는 독무로부터 해방되어야
나무들이 품어 주는 포도주를 마실 수 있고
재채기 하나도 자유의 혼을 드러내는 일이 되니
축복받는 일이잖아

54. 져도 되지 않을 짐

1.

한 사람의 무게조차 한 사람이 만든 무게가 아닐진대

세상의 무게는 더 말해 무얼 할까?

어쩌면 세상의 무게를 진 대부분의 사람 위에

몇 사람이 올라타 그들만의 욕망으로 세상을 부리는 것은

아닐까?

세상의 무게는 욕망의 무게인데

인간의 욕망이 화폐로 치환된 지 오래라

돈을 세기만 하면 되거든

나 짜라두짜가 꿈속에서 세계의 무게를 쟀던 것도

꿈의 지혜가

삶의 무게와 세상의 무게가 지극히 인간적인 화폐욕망으로

대체됐다는 것을 알려준 것은 아닐까

잴 수는 있지만 멈출 수 없는 이기심은

화폐 단위를 변경하면서까지 충족하려 해도

충족되지 않아

머리를 땅에 박고서라도 얻으려는 충동질을 부추기니

인간 세상은 지극히 인간적이면서도

도저히 이해될 수 없는 발길질을 허공에 대고 하고 있는 처

지

굽힐 수 없을 때까지 굽히게 하는 힘과

하늘 끝까지 걸어보고자 해서 쉬지 않고 헛된 발길질을 해

대는 힘은

머리가 백 개나 되는 화폐가 이기심을 충족한다는 이기심에

서 나오니

목마름이 그칠 날이 있을까?

2.

그치지 않는 욕망에 부채질하는 것은

욕망을 살 수 있게 됐다는 착각이 아닐까?

권력욕을 충족시키는 것을 보면 착각이 아닌 것도 같아

권력 가운데는 웃지 못할 이야기도 있어

이미 힘을 갖고 있던 사람들이 지금까지와는 다른 양상으로

권력을 행사하게 된 이야기지

무슨 이야기인가 하면

소수 사람들한테 다수의 사람들이 자신의 권력을 위임했다

는 것이야

위임장을 쓴 적도 없는데

어느 순간부터는 그 이야기가 사실처럼 됐다는 것이며

다시 돌려받을 수조차 없는 각서를 썼다는 신화로

권력을 양도받아 신들이 된 그들은

제 뜻대로 권력을 쓸 수 있는 각종 도구를 마련해 놓고 겉으

로는 '당신들 편입니다' 하면서도 속으로는 '걸리기만 해봐

라 그냥 두지 않겠어 나에게는 온갖 도구가 있거든'이라는

생각으로 편히 살 수 있게 됐다는 이야기야

눈치 보기를 조금은 해야 되는 것이 권력을 위임받았다는

자들의 예의 차리기라고 하면

그와 같은 예의도 필요 없는 권력자도 있어

신의 대리인 자격을 획득했다는 자들이지

자신의 말이 곧 법이 되는 자들이라

제 뜻에 어긋난 자들을 잡아다 화형을 시키기도 했으며

가장 낮은 처벌로는 저주가 잔뜩 담겨 있는 기도문을 외우

면서 겁을 주기도 했어

그것만으로도 충분했거든

복종과 순종의 의무를 느닷없이 부여받고 나서는 그렇게 사

는 것이 신의 신하가 된 도리라고 태어나기 전부터 고개 숙

임을 욕망했고, 그것으로 이기심이 충족됐다는 좀비스러운
생각이 넘쳐나는 세상이니 그럴 만도 하겠지

그런 식으로 욕망을 충족하려는 것은 자신에 대한 모독이야
제대로 된 이기심을 펼쳐봐
네가 세계의 기준이 되고 권력의 표준이 되는 그런 의지
자신의 의지를 양도하고
보호구역에 머물면서 의미 없는 하루를 보내기가 어려워
신들과 권력자를 찬양하는 것을 일과로 삼는 그런 의지에서
벗어나야 돼
지금까지는 그런 행위가 이기심 없는 행위의 대명사처럼 여
겨졌지만
그건 죽는 삶이잖아
너의 창조성이야말로 세상과 함께하는 무게
견뎌내야 할 짐이 아니라는 뜻이야

져도 되지 않을 무게에 짓눌려
어두운 마음이 그림자처럼 작동했던 시기가 위대하고 신성
한 시절이 되도록
찬란한 이기심의 빛으로 어둠을 걷어내고 위대한 정오를 맞
이하게 해, 제발!

55. 냉수 마시고 속 차려

1.

한때는 사람을 신성을 갖춘 사람과 신성이라고는 찾으려야
찾을 수 없는 사람으로 구분하기도 했었지
사람끼리도 그랬으니
다른 생명체들은 오죽했겠어
이런 이야기가 한때 유행했던 이야기에 지나지 않았다면 회
고라도 하겠지만, 지금도 여전히 살짝 바뀐 버전으로 계속해
서 횡행하고 있으니 힘이 세긴 센가 봐

실제로는 빈말에 지나지 않으나
버전이 바뀔 때마다 눈덩이마냥 불어나
어지간할 속도를 갖지 않으면 빠져나갈 수 없게 되면서
생각의 자유를 붙잡아 매는 중력이 된 거야
늘어진 테이프마냥 같은 소리를 반복하게 하는 힘과 창조행
위를 가로막는 힘이 세지다 못해 영물이 되고 말았으니
중력의 영이라고 불러야 하겠지

2.

중력의 영이 하는 일은 생각의 경계를 만들어 놓고 경계를
넘어선 자를 가차 없이 베어 버리는 일이야
시범 케이스로 몇 번만 하고 나면 그다음부터는 알아서 기
게 되거든
중력의 영이 누르는 힘이 너무 세 그 고통을 개인이 감당하
기에는 너무 두렵다는 학습으로
복종을 내재화시키는 것이지

지금 돈이 행사하고 있는 것도 중력의 영과 다르지 않아
최고 권력자들도 손해배상금을 청구하는 수법으로 중력의
영이 하는 일을 시범 보이고 있잖아
권력자의 의지에 어긋나면 당사자는 물론 그 주변인들 모두
에게 죽지 못해 사는 삶이 무엇인지를 보여 주는 식이지
경계 나누기가 치밀하고 세분될수록 걸려드는 사람이 많아
복종을 체화시키기 쉽지
자신은 쥐뿔도 모르면서 특수한 옷을 입은 이들을 동원해
걸려들 수밖에 없는 논리를 개발하게 하는 까닭도 여기에
있어

수천 년을 이어온 기술이라 이 덫에 걸리지 않으려면 새처
럼 가벼운 사람이 되어야 돼

저들이 주는 꿀물을 먹지 않아야만 될 수 있는 몸이지
알지도 못한 사이에 붙여진 불순분자라는 이름도 가볍게 웃
어넘길 수 있어야 돼
꿀물보다도 냉수가 제격이야
'냉수 마시고 속 차려'라는 말도 있잖아

속 차리고
있는 그대로의 자신을 사랑하는 일부터 시작해
저들 눈에 드는 사람이 되는 것을 욕망해서는 안 돼
자발적으로 덫에 걸려드는 일을 쥐도 새도 모르게 하고 있
어서는 자신을 알 수 없어
남이 가진 것이 크게 보이면 중력의 영이 쳐 놓은 장난에 놀
아날 수밖에 없어
저들은 저들의 짐을 대신 져주는 일을 이웃을 사랑하는 일
이라고 부추기면서
자기를 진정으로 사랑할 수 있는 시간을 뺏거든

인생이 견디기 힘든 까닭이 어디에 있는 줄 알아
중력의 영이 지어 준 짐을 자신의 짐인 양 착각하는 데 있어
과감하게 벗어던져
벗어던지는 것이 예술이 되어야 하는데…
벗어던지는 것이 예술을 넘어 지극의 선이 되어야 하는데…

'아니오'라고 말하는 법을 배우지 못한 착한 사람들
대신 짐을 진 일조차 만족해하는 사유습관을 가열차게 배운
착한 사람들
어찌할 수가 없어
어쩌면 당나귀를 가르치는 것이 더 쉬울 수 있어

언젠가는 짐을 지지 않아도 되는 세월이 오기를 기도하지만
그런 날은 오지 않아
스스로 벗어버리지 않으면 바라던 언젠가도 오지 않듯
길도 끝나지 않아
짐을 내려놓고 걷는 것이 먼저야

중력의 영이 가르쳐 준 길은 짐을 지고서만 걷는 길
'왜 내가 그들의 짐을 져야 하는가?'라는 물음이 없으면
자기의 길을 걸으려는 시도조차 하지도 못해
묻다 보면 자신의 입맛을 알게 될 것이며
자신의 입맛을 찾아가는 일도 자신의 길이 되리니
언제나 자신의 길을 걷는 연습을 해

중력의 영이 말하는 옳은 길은 없어

56. 넘어서려는 의지를 가리는 그림자를 넘어

1.
옛 율법서판을 부수고
반쯤 새겨진 새 율법서판, 그것도 새겨진 조항이 변하고 있
는 새 율법서판을 머리에 이고
인간 세상에 나갈 때가 있을까
내려가 그들과 함께
새로운 율법을 이야기하고 싶지만
아직 때가 됐다는 징조가 없어
사자가 비둘기와 춤을 추는 사건이
내려갈 때를 알리는 징조인데

2.
세상은 되어 가는 사건들의 연대인데
사유의 축이 유연하지 못하면
구닥다리 생각에서 벗어나기 어려울 텐데
내려놓지 못한 믿음에 기댄 기도가
그들을 구원할 수 있을까
스스로의 창조성을 저버리는 일을

빛바랜 과거의 축에 기대어

끊임없이 되풀이하고 있으니

하여, 나 짜라두짜는 혼자서 미래로 갈 수밖에 없었어

물결 따라 춤추는 황혼의 황홀과 더불어

거침없이 되어 갔지

그곳에서는 자유를 필연으로 삼아 사건들마다

신이 되기도 하고

신을 해체하기도 하면서

시간을 조롱했어

중력의 영은 숨조차 크게 쉬지 못하고서

한쪽에 쪼그라든 채로

신들의 춤을 받쳐 줄 수밖에 없었지

3.

인간을 넘어선 춤으로 초인을 맞이하고 있는 곳에서는

시간은 순간을 이어 가는 다리가 되고

다리 난간에선 새벽의 황홀이 위대한 정오를 맞이할 준비를

하다

춤이 절정에 이르면

확률과 우연이 순간에 융합되면서

사건마다 미래를 창조하는 구원자가 되지

224

중력의 영을 벗어난 인간이 구원자가 됐으니
인간들의 세상에 내려가서
옛 율법서판을 내리고
새 율법서판을 새겨 넣지 않을 수가 없었어

4.

나 짜라두짜가 가슴으로 새긴 새 율법서판에는
'사람을 넘어서야 해
넘어선다는 것은 자신이 창조자임을 안다는 것이야
복종의 의지나
복종의 미덕 따위는
애초부터 자네의 의지가 아니었어
자네의 의지 속에
다른 이의 의지가 깃들지 않게 해서
자네의 의지를 엿보거나
조종할 수 있는 원천을 차단해'라는
율법이 새겨져 있지

5.

누군가가 자네 의지를 조율하려는 이유는
공짜를 좋아하기 때문이야

넘어선 사람은 공짜를 좋아하지 않아
삶을 사랑하는 일이
삶이 우리에게 해 준 일에 대한 보답이라
죄책감 없이
티 없는 천진함과 어울려
순간의 춤을 추는 즐거움을 누려
그것이 삶에게 주는
고귀한 영혼의 응답

6.
신을 숭배한다는 일은
자신의 삶을 저버린 우상숭배
죄책감으로 자신을 희생하거나
다른 이를 제물로 바치지 않고서는
견디기 어려운 자기 소외
삶에서 자기가 사라졌으니
우상을 세우지 않고는 견디기 어렵겠지
하늘을 염원하는 기도는 다 그래
내려가 땅을 딛고서야
세월 따라 되어 가는 영물들과
천진한 춤을 출 수 있어

진실로 자신을 사랑하는 행동이야

7.

옛 율법서판에 기댄 중력의 영 같은 사람은

복종하는 선량한 사람이 필요할 뿐

선량한 사람이 진실해지는 것을 싫어해

진실해진다는 것은

율법서판의 허구를 있는 그대로 이야기할 수 있다는 것이거
든

선량한데 정신이 없는 것과 같은 사람은

복종을 미화하면서 진실에 눈감는 사람

이들이 눈을 떠야 하는데

혼자서는 엄두도 못 내

진실을 외면한 양심의 가책을 감당하기에는 너무나 선량하
거든

그럼에도 불구하고 손을 잡고 율법서판을 깨고 그 벽을 넘
어서는 사건이 있었기에

새로운 지식이 생겨나기도 했겠지

8.

한때는 지상의 법칙과

천상의 법칙이 다르다는 생각이
세상을 거의 지배하는 것 같기도 했어
변하지 않는 진실은 하늘에 속한다고 하면서 지상에서는 그
진실을 찾을 수 없다는 가짜뉴스가 횡행하던 시절이야
가짜뉴스를 전파하는 이들은
봄의 기운이 실려 있는 바람이 대지의 싹을 틔우는 것을 못
본 척했지
대지의 선물이 없으면 살 수도 없으면서

엉덩이에 뿔 난 황소라도 그렇게 하진 않을 거야
얼어붙은 공기 속에서도
쉼 없이 생의 기운을 조율하고 있는 새싹들을 봐
봄바람 내음을 그들보다 빨리 맞이하기도 힘들잖아
변하는 것이 진리야!

9.
변하지 않는 운명을 믿는다는 것은
허깨비보다 더한 허깨비가 세워 놓은 선악의 기준에 좌우되
겠다는 의지야
여기서 선이었던 것이 저기서도 선이 될까
예언자의 예언이라는 행위는
변덕스런 바람결보다 의미가 없어

그것은 지식도 아니야
그저 짐작하는 허구
바람결과 어울려 의지의 춤을 춰
그것만이 자유
스스로가 존재 이유가 되는 춤이지

10.
옛 율법서판을 관장하는 자들에겐
서판의 율령이 없는 것과 같아
그들은 글자가 없는 곳을 보고 있거든

'이래야 된다'라는 율령은 선량한 사람들 쪽에만 써 있고
'죽이지 마라'는 말은 '내가 너를 죽일 수 있으니 가만있어라'
는 명령어와 같아
자신은 죽이는 것이 진리이지만
자신을 죽이려는 것은 사악함이라고 설파하려는 것이지
이것이 어찌 신성한 율령이 될 수 있었을까?

11.
선량한 사람들이 정신을 차리게 되는 때는
시대의 폭압을 견딜 수 없을 때이나

이런 기운을 이용할 줄 아는 이들이
폭압을 제압한 공로로 선량한 사람들의 칭송을 받게 되면
새로운 운명을 예고하지
선량한 사람들이
새로운 양상으로 복종의 미덕을 펼치게 되는

과거가 사라지고 만 것이지
고귀하게 될 수 있는 사건이 다시 고루한 사건에 지나지 않
게 된 것이야
고귀한 사람이 많아져야 하는데
고귀함이 널리 퍼져
선량함을 넘어선 고귀한 인간이 많아져야
귀족다움도 생겨나고
그에 따라 많은 신들도 존재하게 되면서
신다움도 있을 수 있는데……

12.
나 짜라두짜가 말하는
귀족다움, 신다움은 언제나 현재를 넘어서려는 의지가 일을
하는 사람이야
한마디로 넘어서는 사람이지

핏줄과 황금으로 만들어진 귀족이 아니야

그자들은 가치조차 없는 가치를 수호하면서

정신이 깃들 자리조차 없으니 명예인들 있겠어

알록달록한 옷을 입고

정해진 율동에 맞춰 춤을 추면서

허락이 떨어지기 전에는 숨조차 제 의지대로 쉬지 못한 이
들이니, 이들은

자기네들끼리 가쁜 붕어처럼 입만 벙긋거리면서

의미도 없는 말로 서로를 찬양하는 것 빼고는 할 수 있는 일
이 아무것도 없어

이들이 기댄 과거가 통째로 구원되지 않고는 대지에 발붙이
고 편히 살기가 쉽지 않을 거야

그런데 구원은 어떻게 가능할까?

옛 율법서판을 부수고 자신의 의지로 새 율법서판을 만들어
야 하는데…

13.

옛 율법서판은

당신의 삶이 헛되도다 라고 외치지만

나, 짜라두짜는

헛된 것은 옛 율법서판의 의미

넘어서고 있는 당신 삶의 의지는
결코 헛되지 않아 라고 외쳐

옛 율법을 고수하고 있는 이들의 말이 헛된 말 중에 헛된 말
이지만 자주 듣다 보면 그 말만이 진실인 것 같은 환상이 헛
되지 않은 당신 삶을 지배하게 되는 순간
케케묵어 곰팡내 나는 소리에서 신선한 공기 냄새가 난다고
느끼게 되는 것이지
뱃속에 있는 미생물도 웃을 일이야
헛소리 그만 지껄이고 스스로의 율법서판을 쓰라고

14.
스스로 쓰는 율법서판의 첫머리에는
넘어서려는 의지만이 삶의 의미라고 써야 될 거야

없는 죄도 있는 듯 만든 옛 율법서판에 짓눌려
허리조차 펼 수 없는 죄책감을 느끼는 것은
당신을 조종하려는 설교자들의 의지
이를 먼저 넘어서야 해
당신의 삶에 용기와 활력이 없을수록 그들은 당신을 칭찬해
'죽어서 좋은 세상에 갈 것이라고'
당신이 펼치는 용기와 활력이 당신 동료들을 넘어서지 못하

게 할 때 그들은 당신을 칭찬해

용기 있는 행동의 보상으로 '좋은 세상에 갈 것이라고'

행여 그 불똥이 설교자들에 튀기라도 한다면

생각 없는 이들의 저주를 감당해야 할 거야

참으로 용기 있던 어떤 철학자를 자신들의 공동체로부터 추

방시키면서

'빛이 있을 때도

빛이 없을 때도

갈 때도 올 때도

저주를 받을지어다.'

라고 한 저주와

'누구도 그와는 어떤 형식으로든 대화해선 안 된다'는 경고

가

오직 그 한 사람만을 향한 것이었을까

진정한 용기와 활력을 저주한 것인 줄 알 수 있도록 한 것이

설교자의 의도

그런 설교를 들을수록 하늘을 보지 못하면서 저세상을 갈망

하니 바닷물을 마시면서 목마름이 해소되기를 바라는 것과

무엇이 다를까!

율법서판을 새롭게 쓸 수 있는 용기와 활력이 발휘되기를

15.
저세상을 설교하는 사람들은
이 세상의 일들이 누구의 뜻이라고 하면서 그의 권능을 찬
양하고 기도하는 것 이외는 아무것도 해서는 안 될 것처럼
이야기해

어쩌면 잘된 일인지도 몰라
죽을 것 같은 경험을 해 봐야
조금이나마 그의 뜻이 허구라는 것을 알 수 있거든
눈을 씻고 찾아봐도 드문 일이긴 해도
신앙심이 깊다는 것은 그런 일을 당하고서도 죄책감의 무게
를 더욱 강하게 느낀다는 것이므로 설교자들한테는 손 안
대고 코 푸는 격이라 설교하기가 더 수월해지겠지
옛 율법서판을 지고 있는 한

16.
저세상을 설교하는 이들은
정신의 죽음을 부채질하는 것과 같은데
가끔은 옛 율법서판의 글귀를 살짝 바꾸어
새로 일어나는 생명들의 용기와 활력에 부응하는 듯한 제스
처를 쓸 때도 있어
복종하는 용기와 활력을 증장시키는

교언영색이라는 말이 왜 나왔겠어

정신 자체가 위장술로 채워진 이들의 언변술과 표정 연기는

교언영색이라는 말로도 표현할 수가 없을 만큼 뛰어나니

당하지 않으려면

옛 율법서판도 새로 만든 서판도 깨부술 용기가 필요한데

저세상을 설교하는 자들은 '그래 봤자 바뀌는 것도 없어 너

만 고꾸라지고 말 거야'라는 말로 회유하거나, 그런 사람을

전염병을 퍼뜨리는 사람처럼 만들지

공익제보자들의 처지를 보면 알 수 있잖아

설교자 이외의 사람들의 생명 활동에 숨구멍을 틔워 주고

싶은 행동인데도 사회를 어지럽히는 불순분자의 행동이라

고 해서 숨조차 불온한 숨이라고 규정하고

다른 사람들이 따라 하지 못하게 본때를 보여

넘어서려는 의지를 꺾으려는 것을

허나, 바람보다 먼저 일어나야만 하는

넘어서려는 의지는

그런 상황에서도 결코 사라지지 않고

갇혀 있는 정신의 숨통을 틔우려고 하지만…

17.

저세상을 설교하는 이들이 가장 좋아하는 것은

이 세상에 넌더리를 내는 것이야
'이 세상에 속하는 것은 헛되고 헛된 것이니
그것을 나한테 줘'라는 말을 쉼 없이 지껄여도
그 말이 그럴듯하게 들리는 묘술이 되기 위해서는
듣는 사람이 이 세상에 넌더리를 내야 하거든
그들의 말에 속을수록
그들의 손에는 당신이 갖다 준 황금이 가득하게 돼
그들은 왜 묘술을 써서
헛되고 헛된 것들을 끌어모으려고 할까?
정신 차려!

18.
정신 차리세요! 라는 말도 이상하게 쓰일 데가 있더군
정신이 지배당해 생기라곤 없는 사람의 입에서도 '정신 차리
세요'라는 말이 나온다는 뜻이야
늘어진 테이프처럼 정-신-차-리-세-요 라는 말이 영원회
귀하고 있는데
그들의 정신은 있기라도 할까?

느리고
되풀이되는 말이 교양으로 둔갑하고
용기 있고 활력 있는 행동이라고

여기다 보니
정신을 죽이는 설교를 듣는 용감함은
비할 데가 없지

정신을 죽이는 데는 용감하나 그 밖의 것에는 한없이 게으른 삶을 사니
쫓아낼 수 없으면
그냥 죽은 정신으로 자게 내버려두는 것이 상책이야

19.
〈확률과 우연〉은 사건마다를 성스러운 일로 만드는 힘
본질이 성스러움을 정하는 것이 아니라는 뜻이야
넘어서는 사람은 자신의 모든 영역을 성스럽게 만들어
그러기 위해서는
〈확률과 우연〉에 붙어 있는 기생충 같은 생각을 떨쳐 버리기만 하면 돼
당신의 약한 고리인 슬픔과 겸손 등에 붙어 있는 기생충에 의해
당신의 창조성이 힘을 쓰지 못하거든

기생충은 모든 존재를 하찮은 존재로 만들어
넘어서려는 힘을 발휘하지 못하게 해

넘어선 순간 기생충은 발붙일 곳이 없거든
당신이 죄인이 된 것도 그 때문이야
기생충이 당신의 겸허함을 죄로 바꾸고 그곳에 자신의 집을
짓는 것이지

겸허한 마음이 고귀한 마음이면서
어리석은 마음이 돼
기생충까지도 살게 하는 것이 성스러운 마음일까?

20.
확률과 우연으로 일어나는 무작위한 사건들에 의해
모든 것들은 의미를 갖게 되고
의미를 갖는 모든 것들 또한 무작위로 새로운 의미를 창조
하는 일이 현재이면서 시간이야
시간은 의미를 해체하면서 의미를 창조해

나 짜라두짜는 그래서 모든 것들을 떨어뜨려 썩게 하지
썩어야 새싹이 나올 수 있거든
새싹이 나오는 것을 막는 율법의 힘을 이겨내기가 쉽지 않
지만
시간을 가속시키는 넘어서려는 의지까지 막을 수는 없어
가속만 있을 뿐

가속이 붙기 시작하면 사람들이 모여 함께
넘어서는 운동을 하겠지

여기에 동참하지 않는 사람들
새싹을 통해 날기를 가르치지 않는 사람들이
빨리 썩기를!

21.
아픔 고리 속에 들어 있는 기생충들은
자기들끼리의 네트워크를 만들어 함께 넘어서려는 이들을
주저앉히는 작용을 해서
제정신인 듯하지만 제정신을 쓴 적이 없는 이들을 양산하지
어중이떠중이들이 그들이야
그들이 표시하는 찬성의견도 반대의견도 실제로는 기생충
의 의지
이들을 만나거든 그냥 지나가는 외통수밖에 없어

시간과 함께 벼려 온 칼도 쓸 수가 없어
기생충을 베려다가 불쌍한 어중이떠중이도 함께 죽게 되거
든
날 선 칼날을 적이라고 할 수도 없는 이들한테 써서야 검객
의 체면이 서겠어

지켜보면 화를 낼 수조차 없어
화를 낼 만한 상대도 아니라는 뜻이야
때가 있는 것은 아니지만 칼을 쓸 필요도 없는 숲에 들어가
가치 있는 것이 나타나기를 기다리는 수밖에

자신의 길을 가는 것이지
떨어진 낱알을 줍기 위해 굽신거릴 필요 없잖아

먹어도 먹어도 허기진 것들을 떨어뜨려 놓고
기계 만드는 요즈음의 질서에 발맞추는 어중이떠중이
그들을 보고 있노라면
옛날이 좋았다는 헛소리가 튀어나와

22.
인간이 날아오를 수 있다면 탐욕도 덩달아 날아오르겠지
어디까지 날아오를까?
햇빛에 녹아 흔적조차 없어지기 전까지 날아올랐다는
이카루스의 비행이 생각나는군

삶이 고달프다 보니
곳간이 넘쳐나면 쉴 수 있을 거란 생각에
채우려는 의지만을 기르다 보니

가장 고달픈 동물이 되고 만 인간

맹수 중의 맹수가 되어

정복 못할 것이 없다는 듯

거침없는 행보를 이어가다

끝내 정복될 수 없을 것 같은

공기까지 점령해

바이러스의 공격을 받게 됐지

하늘을 난다고 해도 벗어날 수 없는 공격

더이상 평온할 수 없는

공기와

숙주 찾기가 어려워진

바이러스가

인간의 탐욕을 공격하는 것

탐욕이 정신 차릴 날이 있을까?

23.

남성이라고 해도 여성이 퇴화된 남성

여성이라고 해도 남성이 퇴화된 여성

조건이 바뀌면

남성도 여성이 되고

여성도 남성이 돼

남자는 이래야 되고
여성은 이래야 된다는 교육은 있지만
남성과 여성의 본질은 없으니
남성과 여성 등은
만들어진 성, 다른 말로는
발명된 성

이것이 지혜야
어울려 추는 춤만이 진실이라는 것
웃음을 터트리게 하는 춤이 지혜라는 것

24.
결혼은 새로운 계약
그냥 지켜질 수 있는 조항은 하나도 없는 계약서
이를 지키기 위해서는 피나는 연습이 필요하지
어울려 췄던 춤도
웃음을 터트리는 지혜도
결혼이라는 사건에 그냥 적용되는 경우가 없어
참으려는 의지가 파탄을 막기는 해도
그것만 가지고는 역부족

세계의 의미는 자신이 창조한 의미이면서
함께 만들어 가는 것이라고 해도
최종 결재는 자신의 영역
'나를 사랑하느냐고' 묻기 시작했다면
이미 엇갈린 사랑, 파탄의 징조
묻지 마시고 그냥 사랑하는 일만이 사랑

약속된 사랑을 하는 것처럼 보여도
매 순간 다르게 되어 가는 나와 너를
'사랑하는 수행'을 하는 이들만이
넘어서는 일로
결혼의 정원을 가꿔
넘어서려는 자손을 낳게 되지

25.
가장 중요한 계약 가운데 하나인 결혼 계약
허나, 그 계약서가 넘어서는 생명의 창조를 약속하는 것은
아니야
옛것을 알고 옛것을 넘어서야
새로운 물결을 만들 수 있어, 실은
만들어지는 것이 아니라

숨어 있는 듯한 샘물이 새로운 인연을 만나
터져 나오는 것이지

케케묵은 인민의 의지가 더이상 흐름을 지배할 수 없을 때
새로운 물결이 샘솟는다는 것이야
이 물결을 탈 수 있는 것은 계약이 아니고
모험
새로운 물결이 검증하고 찾아낸 모험가는
시대의 갈증을 풀어주는 물꼬
자칫 자신의 의지만이 새 물결과 어울릴 수 있다고 고집하
면 시대를 저버리고 말지
시대를 반걸음 앞선 것 같은 이들이 많기를!

26.
어린 자식의 처지에선
부모님보다 더 정의롭고 선량한 사람이 있을까
그런데도 어느 날부터 부모님께 제 속 이야기를 하지 않아
자기의 뜻을 알아주기는 고사하고 이해하려는 노력조차 하
지 않는 것처럼 보이거든
세상도 마찬가지 아닐까
한때는 정의롭고 선량했던 것 같은 사람과 그를 추종하는
사람들이 떼를 지어 다른 생각을 억압하는 데 그치는 것이

아니고 아예 다른 생각조차 할 수 없게 만드는 것이

정의롭고 선량한 사람들의 선량함은 무엇일까?
학습된 정의를 생각 없이 받아들이면서 그것을 자신의 의지
로 삼는 것은 아닐까?
그의 정의와 선량함은 미래로 통할 길이란 길을 모두 막고
창조주로서의 생명 활동을 포기하면서까지 기꺼이 다른 생
명체의 창조행위조차 막는 일을 일생의 과업으로 삼으니
그들에게 있어서 창조란 종말의 다른 의미
종말론이 득세하지 않을 수 없어

저세상을 열망하면서 현재를 죽이는 것을 정의와 선량함이
라고 가르치는 율법서판에 기대어 생명의 창조를 막고 있는
이들이야말로
종말을 기도하는 현재

27.
자칭 정의롭고 선량한 사람들이야말로
스스로를 마지막 인간이라 여기니
그들에게 있어서 인간계는 없어져야 할 복마전
그들이 할 수 있는 일이란 저세상을 열망하는 기도밖에 더
있겠어

그들의 기도를 따라도 죽고
따르지 않으면 그들에게 죽고

28.
약속의 땅을 들먹거리면서 살길을 열어주는 것처럼 보이는
율법서판에는 죽음의 그림자밖에 없으니
살고 싶으면
파도에 어울리는 춤을 추면서 대양으로 나아가야 돼
정처 없이 떠도는 것처럼 보여도
새로운 항해술을 익히는 용기는 가는 곳마다 살아 있는 자
네의 미래를 건설하는 것

죽은 율법에 갇혀 있으면서도
자칭 정의롭고 선량한 사람들이 외치는
죽은 소리가 들리지 않는 곳
그곳에서 자네의 심장 소리로 새로운 세계를 열어

부모가 된다는 것은 폭풍우 속에서도 제 심장의 고동 소리
를 길잡이 삼을 수 있는 용기가 필요하다는 것이야
봄은 잿빛 속에서 더욱 푸르잖아

29.

헌 율법서판을 태운 재로 자네의 봄을 키워봐

바람의 기운이 달라질 때

하늘거리는 바람결에 생명의 씨앗을 실어

대지의 이곳저곳에 생명의 의지를 심는 것이야

생명의 의지는 넘어서려는 의지이니

옛 율법서판에 복종했던 의지를 넘어서야

자네의 삶을 자네가 살아갈 수 있어

그 사이에 온갖 유혹과 회유와 겁박이라는 관문이 있으니

천 년을 견딜 수 있는 용기가 필요하긴 해

천 년이 가도 꺾이지 않을 의지가

자네 생명의 고귀함을 더욱 단단하게 하니

관문을 넘어서는 용기는 어떤 축복으로도 부족하지

자네 자신이 율법서판이 되어

단단하고 엄격한 의지로

새로운 존재가 되어가길!

30.

넘어선 의지는

인간을 넘어선 인간이 되게 하지만

숲의 생명들에게 한없이 관대한 봄바람 같은 것

봄의 싹이 대지의 돌봄과 따스한 바람 기운으로 커가듯
사소한 것에 한눈팔지 않게 하는 의지의 힘이
자신의 운명 그 자체가 율법이 되게 하니
그렇지 않겠어

넘어진 사건조차 넘어선 일이 될 수 있는 것도
스스로가 옛 율법서판이 만든 그림자를 지우고 위대한 정오
처럼 빛날 수 있는 것도
넘어선 의지를 장착한 쏜 살이
별빛처럼 빛을 발하는 현재이기에 가능해

사소한 승리에 한눈팔지 않고
자신의 의지만으로 승리가 된 삶
그 삶만이 자신이 쓴 새 율법서판

57. 검은 옷들의 저주를 웃어넘김

작은 몸살기만으로도 생각의 변주가 일어날 수 있지만
생각의 전복은 그것만으로는 부족해
며칠을 앓아누워야 제격이지
부쩍 야윈 몸과 새된 목소리로
가까이 있던 이들조차 놀라 도망갈 수 있어야 전복했다는
증거로 쓸 수 있어

그냥 '맞습니다'나 '믿습니다'라는 태도는 속이거나 속는 자
들의 태도
그것 가지고는 아무것도 증명하지 못해
내려다보는 통찰력으로 무장된 독수리의 눈이나
구석구석까지 살피는 노력을 아끼지 않는 뱀의 눈이 아니라
면, 갑자기
영혼의 밑바닥으로부터 솟아날 까마득한 절벽 같은 생각을
담아낸 사자후를
감당할 수 없다는 것이야

넘어선 이야기는 무덤 속에서 고이 자고 있던 시체들도 놀

랄 이야기라

눈을 뜨고 있어도 눈이 없는 것과 같은 이들이나

생각한다고 하면서 길들여진 생각 놀음이나 하고 있는 이들

은 그런 이야기는 미친 사람들이나 하는 이야기라고 하면서

미친 사람과 상종하지 않는 것이 수라고 슬슬 피하기만 하

리니

일어나고 사라지는 생각 하나하나가 그 자체로

하나의 세계를 창조하는 순간이라는 것을 알 수가 없지

혹시, 그런 생각을 하거나 그런 생각을 전파하는 이들이 당

했던 화형식이 자기도 모른 사이에 떠올라

알면서도 모른 척하는 것이 상수라고 여기게 된 것일까?

피라미드의 꼭대기에 있으면서

생각을 지배한다고 여기는 신을 사유의 축에서 지워 버리지

못하면

신 안 믿는 짜라두짜의 이야기를 듣는 것이 두렵겠지

죽음을 산 것으로 위장하는 위장술을 발휘해

지금까지 그런대로 살아왔는데

아차 하는 순간 짜라두짜에 의해 생각의 축이 바뀌게 되면

마음 깊은 곳으로부터 곧장 솟아나는 축의 기둥을 새로 세

워야 하는 수고를 감당하는 것도 쉽지 않을 것이기에

나 짜라두짜도 일주일을 시체처럼 보내고서야 새로운 사유
의 축을 감당할 수 있었는데
생각을 죽이기도 하고 살리기도 하는 능력을 얻는다는 것이
어디 쉽겠어
한 번 얻고 나면 바람결에 실려 오는 꽃내음과
자갈과 모래를 굴리면서 내는 시냇물의 소리와 물결들도
그 자체로 하나의 영혼이며 자신의 세계를 생산하고 있다는
것을 알 텐데

축이 바뀌기 전에는 보이고 들리지 않던 것들이
축이 바뀌면 작은 차이가 만들어 내는 것 하나하나가
그 자체로 빛나는 세계라는 것을 깨닫고
지금까지 몸 밖이었던 세계조차
감각으로 하나 된 세계가 되어 결코 잊을 수 없는 빛의 황홀
을 맛보게 될 텐데

바람에 실려 있는 꽃내음의 하늘거림 하나도
결코 이름의 동굴에 갇혀 있을 수 없는 달콤함
하나 된 감각이 펼치는 춤과
이름으로 표현된 존재를 넘어서는 춤은 다 그래

이름을 넘어선 동굴에서 존재가 탄생되고
동굴을 나서면 동굴조차 사라지나
낱낱 사건들이 손을 맞잡고 추는 춤 속에서
새로운 존재의 동굴이 생겼다 사라지기를 반복하니
존재는 빛을 달리하면서 늘 새로운 존재가 되어 가는 춤의
주기
잡았다 놓는 손짓마다 세계를 창조하는 순간이며
순간마다 거듭되는 여기와 저기
영원은 그렇게 창조되지

허나, 창조를 동반하지 않는 사유의 축에 기댄 이들은
영원의 창조를 견딜 수 없어
그런 이들을 보면 기를 쓰고 비난하지
함께 어울리는 삶을 견디지 못해

죄가 많으니 죽어 사는 것이 참된 삶이라고 떠드는 이들의
쾌락은 죽음을 갈망하는 것과 무엇이 다를까?

차라리 사악해져
최소한 자신에 맞는 꽃이라도 피울 수 있잖아
창조의 원석이 힘을 쓸 수 있는 최소한의 요건이
검은 옷을 입는 이들의 눈에 비친 사악함이니

죽음을 갈망하는 이들의 저주쯤 가볍게 여기는 사악함이 커
져 가는 것은 죽음의 회귀가 아니라 빛나는 존재로의 회귀
야

최소한 일주일은 죽었다 깨어나는 경험을 해야
창조적으로 되어 가는 사건들의 흐름을 감당할 수 있는 사
유의 축이 자리를 잡게 된다고 해도
검은 옷들의 저주는 웃어넘겨
영원을 갈망하면서 죽음을 숭배하는 것은
영원을 회귀하는 빛나는 존재의 모습이 아니지

빛나는 지성의 활동은 창조의 순간마다
다른 모습으로 지성이 드러나고
지성이 펼치는 온갖 다름이 영원반복의 춤이 되지만
영원반복의 영혼이 세계를 창조할 때는
독수리와 뱀과 같은 사유도 잠을 자는 시간이고
끝없이 솟아난 절벽만이 잠에서 깨어나는 시간이지

58. 선물 좀 받아가세요

영혼이 된 존재와 세계는
자신의 빛이 선물이 됐으니
주지 않고는 배기지 못해
어디서든 선물의 춤을 추지

저 밑바닥에 숨어 있었던 것 같은 영혼이 솟아나면
몸짓 하나하나가 죄의식을 참회하는 정신의 구름을 날려 버
리고
참회하는 정신들이 펼쳐내는 강팍한 광풍 앞에서도
고요한 빛으로 바람을 잠재우니
광풍조차 그 앞에선 즐거운 사건

죽음에 경배하는 일을 경멸하면서도
그들을 가장 깊이 사랑할 수 있는 것도 영혼
존재의 빛을 위해서 다른 것을 구할 필요 없다는 것을 사무
치게 안 지성의 반복은
복종의 의지도 없고 알랑방귀 뀌는 일이 없어도
차고 넘치는 지혜가

과거와 미래를 조율해
현재의 순간으로 드러나니
현재는 베풀 수 있는 선물로 가득한 순간
제발 선물 좀 받아가세요

고운 마음과
떨리는 목소리로 베푼 선물이지만
그조차 챙기지 못한 이들을 보면
눈물보다는 슬픈 미소가 제격
어쩌면 노래가 나을지도 몰라
참회하는 정신이 잠든 순간
선물의 노래를 들을 수도 있잖아
그러다가 그들이 따라 부를지도 모를 어느 날
깨달음의 향기가
그들의 몸속에도 스며들겠지

그대들을 생각하면 얼굴이 발그레져, 허나
미래를 꿈꾸는 현재는 나의 일이 아니야
부끄러워 얼굴이 빨개졌겠지
그냥 주는 현재로 만족하는 것이
내 영혼
영혼도 고마워할 거야

59. 혼을 흔드는 춤

1.
우리가 삶을 사는 것이 아니야
사는 일이 우리

사는 사건들 속에 들어 있는 빛을 보게 되면
심장도 멎을 거야
사는 사건들이 펼쳐내는 파도 위에
빛들의 쪽배가 오르내리는 일은
혼을 흔드는 춤
누구든 이 빛을 보면
미친 듯한 춤을 추게 돼
가장 깊은 기쁨이 발뒤꿈치를 흔들거든

사는 일이 주는 유혹이 무섭기도 하지만
사랑하지 않을 수 없는 것도 사는 일이야
사랑하지 않고서는
사는 일 속에서 일어나는 달콤함과 배신을
감당할 수 없거든

길도 없는 가시덤불 속을
익숙한 길처럼 갈 수 있는 것도
거침없는 흐름 뒤에 만들어지는 오솔길의 유혹

사는 사건이 있는 곳은
오솔길들이 만들어지고 없어지는 사건
길이 생길 땐 유혹에 이끌리는 것 같고
길이 사라질 땐 배신으로 치를 떨기도 하지만
사는 것이 길이 되는 묘술을 터득하게 되면
편히 걸을 수 있어

2.
편히 걸을 수 있다는 것은
사는 일의 의미를 스스로 창조한다는 것, 그렇게 되면
만들어진 삶의 의미에 채찍을 휘두르면서
삶을 희롱하는 일도 가능해
채찍을 휘둘러 삶이 사는 일이 될 때가
사는 일을 사랑할 수 있게 되는 순간

사는 일과 만들어진 삶의 의미가 부딪치는 곳이 세상
의미를 해체하는 지혜가 필요한 곳이지
지혜는 의미조차 사랑할 수 있지만

의미는 지혜를 좋아하지 않기에
세상 사람들도 지혜를 사랑하지 않아
그 사실을 알고 있는 의미가
지혜로운 짜라두짜에게 귓속말로
'이 사실을 아는 사람은 짜라두짜밖에 없어'
라고 말하자 울 수밖에 없었어
의미와 지혜를 품고 사는 일보다 소중한 것이 없었기에

3.
한바탕 울고 난 짜라두짜가 말했지
하나,
　인간이여, 깊은 절벽을 보고
둘,
　깊은 절벽을 세울 수 있는 소리를 들어봐야 돼
셋,
　의미를 잠재운 잠을 자야 들을 수 있고
넷,
　의미의 꿈에서 깨어나야
다섯,
　세상의 절벽이 깊다는 것을 알 수 있어
여섯,
　상상한 것보다 훨씬 깊은 절벽

일곱,

　슬픔도 넘어선

여덟,

　기쁨을 맛보아야

아홉,

　슬픔의 유혹을 넘어서고

열,

　기쁨을 영원하게 할 수 있어

열하나,

　깊고 깊은 절벽을 세워 새로운 사유의 축이 만들어져야

　기쁨이 원하는 영원을 얻지

열둘, …….

60. 널 사랑해 영혼 영원히

1.

현재는 과거가 준비한 미래가 슬쩍슬쩍 인연 따라 변해 가
는 사건이라

현재의 사건을 보면 과거나 미래도 조금씩 보이기는 하지

조금씩이라고 하는 것은 준비된 미래에는 변해 갈 여백이
있기 때문이야

여백이 없다면 과거도 현재도 미래도 있을 수 없어

어쩌면 여백이 창조하는 사건들이

과거를 넘어서는 현재가 되고, 다시

미래도 준비한다고 할 수 있지

하나의 사건 속에 들어 있는 시공간의 어울림이

신통한 영혼이 되어 나타나는데

여백이 없다면 영혼들도 나타날 수 없어

현재의 어울림을 창조하느라 너무나 바쁜 영혼

한밤중에도 쉬는 법이 없어

미래를 준비해야 하는 숙명이 영혼의 일이라

예언자도 이런 예언자가 없어
한눈팔면 엉뚱한 이야기를 펼치기도 하지만
영혼이 영원회귀의 주인공처럼 일하기에
현재가 영혼의 사건이 되거든

허니, 영혼을 갈구하지 말고
현재를 사랑하는 것이
영원을 사랑하는 것이 되며
사랑도 영원한 것이 돼

2.

현재를 어떻게 경계 지을 수 있을까
허공에 금 긋는 일도 가능한 것이 옛 율법서판의 권능이라
못할 일도 아니지만
그것이 어찌 경계가 될 수 있겠어

차라리 솔직한 것이 좋아
내 맘에 든 것이 선한 것이고
너의 맘에 든 것이 악한 것이라고
차마 이렇게 말하지 못해 오만 이유를 들어
경계를 만들었지만
생각의 무덤을 창조한 것 말고는 한 것이 없잖아

번개를 동반한 매서운 바람이
경계를 쓸어 버린 것이 한두 번이 아니었는데도
무덤만은 견고하니
이 또한 영원의 회귀를 상징한다고 자랑하겠지

무덤을 쓸어 버릴 수 있는 영원한 현재는
무덤을 만들지 않고
팔팔한 생각으로 춤출 수 있게 하니
어찌 영원이면서 영혼인
현재를 사랑하지 않을 수 있겠어

3.
확률과 우연의 신은
자기만이 신이라는 신념체계의 신이 아니야
모든 사건들을 신성하게 하는 신으로
따로 신이라고 부를 것도 없으나
사건마다 그 자체로 영혼의 숨결이 되게 하니
사건들을 신성하게 하는 필연의 신
이것이 확률과 우연의 신

경천동지케 하는 천둥 번개의 으르렁 소리도

확률과 우연의 신 앞에선 고양이 앞에 쥐
어찌 사건마다 영혼의 울림이 되게 하는
우연과 확률의 신을 사랑하지 않을 수 있을까!
널 사랑해 영원
영원히 영혼을 다해

4.

현재는 과거와 미래가 빚어내는 혼
온갖 재료들이 적당히 조율돼
한치도 자기만을 뽐내지 않을 때 드러나는 혼
오직 현재라는 불길로
영원의 혼을
영원의 정신을
영원의 슬픔을
친절하게도 보여주니
구원도 오직 한순간
맛을 내는 소금도 이런 소금이 없지
어찌 온갖 맛의 조화인 현재를 사랑하지 않을 수 있겠어
널 사랑해 영원
영원히 영혼을 다해

5.

드러난 영혼인 현재는 바다

출렁이는 물결 하나도 영혼의 표지이면서

그 표지로 살랑거리는 바람을 맞이하는 곳

돛 단 배가 새로운 혼 길을 만들어 갈 수 있는 것도 바다의

혼과 일체된 바람의 희열이 항해자의 숨결이 되기 때문

온전히 현재가 되기 어려운 하늘 사랑도

바다가 펼치는 흰 물결의 반짝임 앞에서는 경계심이 사라져

땅을 사랑하게 되니

어찌 영원회귀의 바다를 사랑하지 않을 수 있을까

바다의 포말도

영원회귀의 현재를 사는 아이를 낳고 싶어서 견딜 수가 없

겠지

사랑해, 영원의 바다

6.

영원한 현재는 춤꾼

살짝 흔드는 소매 끝에서

심장을 멎게 하는 황홀이 뛰어나오는 춤의 사악함이야말로

과거와 미래를 엮어 현재만을 창조하는 원동력

세상에 있는 모든 꽃이 품어내는 황홀이 이만할까?

현재가 추는 춤결에 실어 나르는 황홀에 취하면
모든 악들도 정화되고 사면돼
가볍게 뛰어놀 수 있는 몸이 되지

창조하는 정신의 가벼운 걸음걸이가 춤이 되는
영혼의 현재인 영원회귀
어찌 언제나 영혼의 춤이 되는 현재를 사랑하지 않을 수 있
을까?
춤추는 현재를 사랑해
영혼을 담아 영원히
사 랑 해

7.
현재는 자유
하늘을 나는 새의 지혜
고요한 하늘보다 더 가벼운 몸짓으로
하늘의 고요를 술렁이게 할 수 있는
정신의 가벼움
말의 무거움 속에서 허덕이는 이들은 결코
맛볼 수 없는 황홀한 노래 소리가 하늘이 되니

어찌 하늘의 노래가 된

현재를 사랑하지 않을 수 있을까?

가벼움이라는 말로도 다 나타낼 수 없는 영혼의 가벼움이

영원이 되는 지혜

사 랑 해

너를 사랑해서 영원회귀의 영혼을

영원히 날게 하고 싶어

4부

61. '너인 것'이 되어라

넘어서지 못한 사람들은 자신의 행복을 제물로 바쳐 헛된
행복을 낚으려 하니
낚으려 할수록 없어지는 것과 같은 행복
세월이 흘러 머리가 하얗게 된다고 해도 낚을 수 있을까?

나 짜라두짜의 머리가 하얘진 것은
행복을 낚시질하지 않다 보니, 도리어 행복의 무게에 짓눌린
탓일까?
넘어서지 못한 사람들한테 미안한 마음으로 넘쳐나는 행복
의 꿀을 나눠 주고 싶지만
그렇다고 그들이 그 꿀로써 행복해지는 것도 아니니
꿀조차도 넘어서지 못한 사람들을 낚는 미끼가 되지 못하지

그럼에도 불구하고, 곧 미끼가 되지 못한 것이 미끼가 되는
것은
그들이 새의 지혜를 갖지 못했기 때문이겠지
넘어선 자의 역할이 시작되는 곳이야
미끼를 문 자들에게 행복이 미끼에 있는 것이 아닌 줄을 알

게 하는 자비라고나 할까
자비심으로 미끼를 물었다고 착각하는 이들을 끌어당겨
'〈너인 것〉이 되어라'라는 말을 해주고 싶어

조금이라도 정신이 가벼운 사람들은 듣자마자 알 수도 있잖
아
누구라도 그 자체로 자신이 되어 간다는 것을!
되는 것이 아니라 확률과 우연의 신과 더불어 되어 간다는
것을!
너인 것이 되기 위해서는 깊은 절벽을 내려가야 하니 올라
가는 수고쯤은 감당해야 돼

올라오는 사람들이 있다는 것은 나 짜라두짜가 내려가야 할
때가 됐다는 징조
참을성이 필요 없을 만큼 시간을 창조하면서 사는 나에게는
연목구어가 제격 아니겠어
바보처럼 보이는 짓을 할 수 있어야
제 길을 갈 수 있거든

길들여진 것만으로는 충만한 자존감이 생길 수 없어
그런 자들은 넘치도록 갖고 있는데도 허덕이는 숨을 멈추지
못해 까닭도 없이 화를 내는 것으로 자신을 수호하나

찾아오는 건 허무감뿐
허무를 채우기 위해 또다시 무언가를 해야 하는 삶이라면
항상 부족한 시간 속에서 오늘을 허비하지 않으려고 발버둥
치겠지만
그 또한 허망한 발길질

그들을 대하는 나의 미소는 사악함으로 비칠 거야
나 짜라두짜의 삶은 시간 속에서 사는 것이 아니라
시간을 창조하는 삶이라
세계가 나에 속한다는 자부심의 미소이니 그렇기도 하겠지

나만 그렇겠어, 모든 사람들도 그렇지
허나, 깃털처럼 가벼운 지혜가 없다면 자신의 삶을 찾는다고
여기저기를 들쑤시고 다니겠지만
자기의 삶이 자기의 삶 밖에 따로 있겠어

찾는 일이 헛수고가 되지 않도록 행복을 미끼로
그들의 삶을 반조하도록 하는 나의 일이
모든 이들의 미래를 밝히는 일이 되기를!
그리하여
보는 이들의 시선에 따라 온갖 빛으로 물든 고요한 하늘이
드러나길!

구름 걷히니 하늘뿐이요
달 뜨니 강마다 달의 세계이듯
각자를 둘러싸고 있는 세계 그 자체가
자신의 세계
고요조차 숨죽이는 '너인 것'의 세계

62. 그림자놀이는 끝나고

사람은 누구나 자신만의 동굴을 갖고 있어
이웃으로 통하지 않는 곳이 없는 동굴이라 동굴도 아닌 것
같아 자신의 동굴을 산책하는 데도
독수리의 통찰력과 뱀의 지혜를 친구 삼아야만 길을 잃지
않는 곳이지

하여, 걷다 보면 이상한 일도 일어나
자신의 그림자 말고도 다른 그림자들이 겹쳐지는 일이야
"세상은 의미가 없어 하늘만이 의미야"라는 말을 반복하기
만 하는, 생각이 멈춰 있는 어둠의 지식이 만든 그림자가
버젓이 함께 걷고 있는 것이지

그들의 주문은 '생각 없는 그림자가 세상을 삼킬 것이기에
땅이 사라진다'면서 '새로운 곳을 찾는 배를 타라고 재촉하
는 것', 허나
여기에 속게 되면 서로 배를 타려고 새된 비명만이 난무하
는 고난이 시작되지
그때가 되면 어둠의 예언자가 갖고 있는 잿빛 얼굴에, 자신

조차 속을 거짓 연민심이 넘쳐나 '종말의 시간이 됐어요. 어서 빨리 이 배에 타세요. 이 배만이 행복한 섬이에요'라는 거짓말을 짜라두짜에게도 태연하게 할 수 있지
훌륭한 사람이 자네를 부르니 감사한 마음으로 마지막 남은 행복한 섬에 오르라고

지상에는 더이상 행복한 섬이 없어 라는 거짓말을 낯빛 하나 변치 않고 하는지라
하마터면 사람을 넘어선 나도 속을 뻔했지 뭐야
속지 않게 된 것은 몸이 먼저 거짓 예언자의 속셈을 알아채고 크게 부들부들 떨고 난 뒤야
'훌륭한 사람'이라는 이들의 목덜미를 한 번에 물어 '참회하는 정신'을 전파하는 일을 더이상 못하게 한 사람들이 제 의지대로 살아도 되는 행복한 섬을 여기저기에 만들고 있다는 것을 상기하게 된 것이지

이렇게 되자 그림자 속에 숨은 거짓 예언자가 할 수 있는 일은 정신이 깬 나를 저주하는 일 말고는 아무것도 없었던지 나를 향해 '이 악당 같은 인간아'라고 소리를 치더군
거짓 예언자의 그림자놀이가 끝났다는 신호지
통나무처럼 듬직하게 앉아 있는 고요함이 내가 되는 곳에서는 거짓 예언자가 할 수 있는 일이라곤 제대로 된 손님의 역

할이 아니라 저주를 퍼붓는 역할을 할 수밖에 없었겠지

63. 생각할 필요가 없는 왕

1.

사람은 누구나 자신의 왕국을 꿈꾸겠지

살아온 날들의 경험이 이리저리 얽히면서 하나하나의 꿈이
탄생할 테니까!

지금 사람의 꿈에도 숲의 향기가 스며들 틈이 있을까?

나 짜라두짜가 꾼 꿈은 오래 머물렀던 숲이 들려준 이야기
임이 틀림없어

듬직하게 뿌리내린 나무들로부터 생명의 이야기를 들었던
것이지

가보지 않은 길이라도 별 두려움 없이 성큼성큼 갈 수 있었
던 것도 숲이 들려준 이야기 덕분이었을 거야

풀포기 하나까지도 제 이야기를 하면서 살고 있는 숲

그 숲의 온갖 생명체는 하나하나가 그것 자체로 하나의 왕
국을 이루면서 숲이 숲일 수 있게 했으니 그럴 만도 하지

그곳에 반쪽 생각만으로 살아온 왕이 나타났어

왕 둘이 당나귀 한 마리를 타고 나타난 것이 이상했는데 그 왕들이 사는 세상에선 그 모습이 이상하지 않았겠지 이상하다고 여겨서도 안 되지만 이상하다는 말을 입 밖에 내서는 더더욱 안 되는 세상인지라 이상하다고 말한 짜라두짜의 이야기가 염소 소리처럼 들릴 수밖에 없었을 거야 자신들의 왕국에선 그 말을 하는 것이 매너 없는 처신이라고 여기는 생각이 사회생활의 기반이었으니, 들으려야 들을 수도 없었겠지 당나귀의 고단함에 대해선 생각조차 필요 없으며, 사람이라고 해도 당나귀보다 나은 대접을 받기도 어려운 세상이나, 주위를 둘러보면 '예 옳습니다'를 연발하는 이들만 있으니 피가 제대로 돌지 못해, 피도 썩어가고 생각도 좀먹게 된 거야. 핏줄의 후광이 없으면 번지르르한 말조차 구사할 줄 모르는 이들이 왕이 된 것이 틀림없어.

어중이떠중이들은 꿀이 절절 흐르는 것 같은 번지르르한 말을 들으면 자신들이 존중받은 줄 착각하면서 삶의 의지를 그들에게 맡기니, 한 푼도 들지 않는 꾸민 말을 아낄 필요도 없지 말을 꾸밀수록 더 복종하고, 훌륭한 사람이 집단으로 탄생하니, 자기로서 사는 인간은 숲속에서도 찾기 어렵게 됐지만

왕이 친히 숲속까지 사람다운 사람을 찾아 나선 것은 혹시
있을지도 모를 마지막 사람을 찾고 있다는 제스처를 어중이
떠중이들에게 보여 주려는 것이겠지

가장 폭도다운 이가 지도자가 된 세상이니
당나귀도 바보처럼 처신해야만 했을 거야
왕의 말씀이 끝나기도 전에
네애에앵이라는 답을 준비하는 것을 보면

2.
사실 왕들이란 생각할 필요가 없어
생각을 대신 해주는 이들이 주변에 널려 있거든
왕들이 밖에 나와 다른 이의 이야기를 귀 기울이는 시늉을
하는 것은 심심할 때뿐이지

짜라두짜를 만난 것도 그런 의미를 넘어서지 않아
헌데 짜라두짜의 이야기를 듣자 짜라두짜의 적들이 이야기
해 준 것과는 다른 짜라두짜인 것을 알아차린 왕들은 짜라
두짜의 이야기에 흥미를 느끼기 시작했어
짜라두짜의 이야기, 곧 전쟁을 준비하는 평화가 오래가는 것
은 좋은 징조가 아니라면서 짧은 평화 시기가 필요하다는
이야기는 이전까지 들어보지 못한 이야기였거든

왕의 조상들이 펼쳤던 전쟁이 평화로움보다 더 끌린다는 것
이지
왕조를 이룬 전쟁은 언제나 신성한 전쟁으로 정리됐다는 것
은 명분보다 결과가 앞선다는 것이니 전쟁의 욕망이 꿈틀거
렸겠지. 왕들이 침 튀기며 조상들을 찬양한 이유도 여기에
있지 않겠어

짜라두짜의 처지에서 보면 한심하기 짝이 없는 일을 자랑스
러워하니 조롱하기에도 민망해 왕들을 나의 동굴로 초대하
고 헤어졌어
생각 없이 기다리는 것이 왕의 미덕인 세상이니
늦게 간다고 해도 괜찮았기에
조롱 대신에 기다림의 미덕을 얼마나 펼칠 수 있는지가 보
고 싶었거든
그러다 보면 생각이라는 것도 하게 될 수 있잖아

64. 하나만 파고드는 사람

생각이 없거나

탐욕의 진흙탕에서 벗어나지 못한 사람이 자기 자신을 산다고 할 수 있을까?

시시각각으로 변하면서 새로운 세상을 펼치고 있는 숲의 친구를 갖지 못한 이들의 세상을 잿빛 세상이라고 하는 데는 다 이유가 있다는 뜻이야

나 짜라두짜가 숲속을 뒤지고 다니는 것과는 다른 이유지

그러던 어느 날

발밑이 이상해서 자세히 살폈더니 진흙탕에 누워 거머리에게 피를 빨리고 있는 사람을 보게 됐어

불쌍하다고 말하기조차 어려운 몰골을 하고서도 애써 웃는 얼굴에 기분 나쁜 어조로 자신의 영역을 침범했다고 나를 탓하더군

어이없는 일이었지

생명의 숲에는 자신만의 집이 따로 없는데도

빠진 진흙탕을 자기 집으로 여기면서 자신의 처지를 상관하지 말라는 것이야

그냥 지나갈까 하다가 마음이 약해져 다친 곳을 치료해 주
고 싶어 멍청이 취급을 당할지라도 '스스로의 삶을 창조하는
짜라두짜'라고 나를 소개했지

그 사람은 그 소리가 무슨 말인지도 모를 거야

아마 뭔가 부족해서 '다른 무엇이 되어야'만 완성된다는 뜻
으로 해석했을지도 몰라. '되어 가는 것'만이 온전한 나인 줄
을 알 수 없을 테니까. 그래도 짜라두짜라는 이름은 들어봤
는지 자신의 처지에 관심을 갖는 첫번째 사람이 나라고 하
더군. 지금까지 자신에게 관심을 갖는 것은 거머리뿐이었다
나. 참 불쌍하면서도 안됐다는 생각이 들 수밖에 없었어.

탐욕의 진흙탕에서 생각 없이 살면서 거머리한테 피를 제공
하기 위한 삶을 원하지는 않았을 테지만 결과가 그렇게 됐
잖아.

그런 삶을 살면서도 자신의 처지를 비관하지만은 않았는지
"이젠 짜라두짜님에게 제 피를 빨려야겠군요"라는 익살을
부리더군. 절망적인 상황은 아니었던 것이지. 그래서 그런지
자신은 〈정신이 양심적인 사람〉이라고 소개하더군. 정신에
관해선 나 짜라두짜를 빼고는 가장 엄정하고 가혹하리만치
냉정한 사람이라는 것이야.

자신이 그런 사람인 이유는 일에 대해서 반쯤 아는 것보다

는 바보처럼 뿌리까지 파고드는 도전을 두려워하지 않기 때문이라고 하더군

진흙탕 속을 집으로 삼고 거머리에게 피를 빨리는 것도 거머리의 뇌 하나만 파고들기 위해서라고 하니, 피를 바쳐서까지 지식을 확장하는 정신을 보는 것 같기도 했어. 또 만나고 싶은 사람이어서 동굴에 초대했지. 그의 몸을 치료해 주고 싶었거든. 정신이 양심적이라는 사람들에게서 들리는 비명소리가 여기저기서 들리는 통에 그 사람에게만 집중할 수 없어 우선 동굴에 가 있으라고 했어.

65. 속이는 것을 일생의 업으로 삼은 사람

1.

이곳저곳을 다니다 보면

되어 가는 자기를 사랑하지 못하고 된 자기만을 갈망하면서

신에게 두 손 두 발을 모아 기도하는 연극을 하다 지친 이들

을 수도 없이 보게 돼

늙어 지쳐 몸도 가누지 못할 때까지 기도만 드리다 보니 보

이는 곳이 하늘밖에 없게 된 불쌍한 이들이지

구원받지 못한 자신의 처지가 인생을 저당잡힌 꼴이 되고만

것과 같아 단칼에 죽여 주기를 기도하는 연기가 기막히거든

'죽음만이 따뜻한 손길이 된 처지를 흐르는 눈물이라고 알

수 있을까?'라는 대사는 압권이었어

그렇게 살아왔기에 기도도 하기 전에 손발이 덜덜거릴 정도

가 됐으며, 마지막 행복이 주는 따뜻함을 갈망하는 것조차

고통이 타오르는 표정으로 혼연일체가 되어 훌륭한 사람의

사랑을 갈구하는 연극을 할 수 있게 됐겠지

하도 기막힌 연기라 자신도 속고 다른 사람도 속겠지만

처음부터 방향이 틀렸기에 연극으로 막을 내릴 수밖에 없는

기도의 인생
이제는 속이는 것보다 쉬운 일이 없을 정도까지 된 인생

2.

속이는 것을 일생의 업으로 삼다 보니 어느 것이 진짜 얼굴 인지조차 알 수 없는 마법사의 헛소리를 더이상 들어줄 수 없어 호되게 몰아치자

마법사 왈 "그만 용서해 주게, 자네를 시험해 본 것이니까, 자넨 나의 진면목을 단숨에 알아차렸잖아"라는 칭찬으로 마법 같은 화술을 이어 가더군

사실 이 일은 〈정신을 참회하는 사람〉들의 일반적인 수법이라 속지 않기가 쉽지 않지. 나, 짜라두짜처럼 안팎이 같은 사람을 속이는 것도 어렵지는 않다는 것이야

하지만 속고 속이는 사람의 일을 넘어서고 보면 마법사의 속셈도 금방 알 수 있지

탐욕을 화술에 담아 토해 내고 있는 구역질 같은 말들을 어찌 견딜 수 있겠어

구역질을 토해 내고 있는 마법사 본인도 견딜 수 없는 슬픔으로 찌그러져 죽을 지경인데

사람이 이 지경이 됐어도 그 일을 그만두지 못한 것은 위대해지려는 노력을 숭상하는 잘못된 버릇이 인간 세상에서 횡

행하고 있는 것도 한몫했다고 할 수 있지

헛된 바람이 잔뜩 들어 터질 지경이 됐는데도 위대하다고
허풍을 떠는 허풍쟁이들이 득세를 하고 있다는 것이야

그래서 점잖게 말했지 '내 동굴에 가서 나와 함께 살고 있는
독수리와 뱀에게 물어보십시오. 그들은 알고 있습니다. 내가
언제 돌아올지를. 허풍이 하나도 없는 이들만이 당신에게 위
대한 아침을 선물할 수 있습니다. 나를 위대하다고 칭찬하는
소리가 헛소리가 되지 않기 위해서는 그들을 본받아 당신이
찾는 위대한 사람이 환상이라는 것을 알아야 합니다'라고

66. 자신을 돌아보게 된 기적

마법사와 헤어지고 나서 얼마 걷지 않아 성직자를 만났는데, 번민 그 자체가 사람이 된 경우더군. 흑마법사도 그렇지는 않을 거야.

실제로는 하늘의 일은 환상이요 땅의 일은 신비인데, 성직자라는 이들은 한결같이 땅이 환상이요 하늘이 신비라고 하면서 신비를 찾는다는 환상에 젖어 땅과 현재를 잃어버리고 모든 것을 아는 분이라는 환상체를 만들고 그에게 기도하다 아무런 응답이 없자 그 까닭이 땅에 있다면서 땅을 헐뜯는 일을 업으로 삼게 됐으니 그럴 만도 하지.

그들 대부분은 길에서 길을 잃고 헤매고 있는 꼴이라
걸음마다 번민을 딛고 있는 것과 같은데도 불구하고 여전히 하늘만을 쳐다보지만
간혹 땅을 보면서 자신을 돌아보려는 이도 있으니
기적이 일어난 것과 같다고 해야겠지
환상 속에 살다 자신이 죽고 말아 누구에게 기도하는지조차 알 수 없는 상태에서 자신의 처지를 반조하는 일이 일어났으니 기적 아니고 무엇이겠어

그럼에도 불구하고 지금 할 수 있는 일이란 〈그때가 좋았는데〉라는 회한뿐이니 〈선과 악〉을 넘어선 나의 동굴에서 며칠 보내게 하는 것이
내가 그 사람에게 해 줄 수 있는 일, 허나
환상을 걷어내는 것은 그 사람의 몫

건투를 빌 수밖에

67. 생각이 멈춰 있는 사람

쉼 없이 거친 숲과 봉우리를 넘어 친구들을 찾아 나서는 짜라두짜!

그런 짜라두짜를 맞는 숲도 늘 새롭게 자신의 이야기를 들려주면서 짜라두짜와 기쁨을 나누지. 기쁨을 나누기 위해서는 흐름 속에서 늘 새로운 모습으로 되어 가는 자신을 있는 그대로 자랑할 수 있어야 돼. 숲이 거친 이유는 숲을 이루는 생명들의 삶이 그 자체로 빛나면서 조화를 이루기 때문. 모든 생명들이 그렇거든. 거칠지만 기쁨과 감사함이 넘쳐나는 곳이 숲과 봉우리.

그런 곳에서도 차마 눈으로 볼 수 없는 몰골을 한 이들이 있으니, 생각이 멈춰 있는 사람이야. 그런 사람을 보고 있으면 연민보다는 부끄러움이 앞서. 숲을 사악한 곳으로 만들려는 생각밖에 없으니, 부끄러움을 느끼지 않는 것이 도리어 이상한 일이지. 숲이 숨 쉬기 어려워지는 소리가 사람의 가쁜 숨소리로 나타나는데도, 현명하다는 사람들조차 늪에 빠져 가는 일을 되풀이하면서 그 일을 자존심을 세우는 일로 알고 있으니 원! 생명의 어머니를 죽이는 일은 자신의 숨구멍을 틀어막는 일밖에 더 되겠어.

차마 입에 담을 수 없는 몰골을 한 현명한 사람도 이와 같은 껌새를 느꼈는지, 자신의 몰골을 보고 연민보다는 부끄러움을 느낀 나 짜라두짜에게 속내를 털어놓더군.

"실패를 연민하기보다는 존중해 주기는 쉽지 않은데도 짜라두짜 자넨 연민을 무기로 삼는 이들의 속내를 훤히 들여다볼 수 있는 눈으로 속의 구석구석까지를 알아차렸기에 그렇게 할 수 있겠지.
'내가 진리다'라는 말이 나만이 진리라는 뜻이 아니라 '너도 진리다'라는 말인 줄 알았다는 것이지.
연민에 취해 살았던 내가 부끄러워, 연민을 가르친 이들에게 복수하고 싶은 마음과 그것에 속아 살았던 나를 죽이고 싶은 마음이 치열하게 일어났다 사라지고 있는 나에게서 나를 넘어설 수 있는 가능성이 있는 것을 발견한 것 같군. 자네의 동굴로 나를 초대한 것을 보면"이라고

68. 있는 자리에서 거지가 된 사람

자신의 생각에 꽉 잡혀 있는 사람과는 헤어져도 싸늘한 느낌이 스멀스멀 몰려오는 것 같아. 자기는 잘난 것 같지만 그 사람에게는 진실로 정을 나누는 이웃이 깃들기 어려워 외로움이 품어내는 한기가 자신까지 삼키고 말거든

상황이 이렇다 보니 그 사람은 분노가 끊이지 않아 얼굴에 생기가 돌 수 없어

그런 사람을 만나고 나면

야트막한 언덕길의 풀꽃들이 풍기는 생기와

물에 씻겨 생긴 바위들의 무늬가

힘을 북돋아 주는 것이 더욱 크게 느껴져

고마워 따뜻한 숨결을 불어넣어 줘서

자네들이야말로 진정한 친구와 형제라고 할 수 있는데도 그걸 느끼지 못한 인간이 꼭 있어 분위기를 망치고 말아 설교하는 사람들이지

설교하는 사람들의 처지에서는 제 역할을 충실히 하고 있는 것 같지만

잘 살고 있는 친구와 형제들에게 '당신은 거듭나야 되는 존재지 그 자체로는 아무런 가치가 없어요'라는 말을 구역질

날 때까지 되풀이하고 있으니

왜 그런 사람은 지치지도 않는지 몰라

하기야, 사람 가지고 노는 놀이만큼 권력을 만끽하기도 드물다 보니 그 일이 자신의 배고픔을 해소시켜 준다고 느끼기도 할 거야

불쌍한 사람들이지

자신의 존재 이유를 거듭난다는 허구로 채우다 보니 있는 자리에서 거지가 됐으니

하긴, 잘못된 거지 상황을 사는 것을 제대로 산다고 여기거나 다른 사람을 거지로 만드는 것을 보람찬 일이라고 여기니, 할 수 있는 말이 거지가 되는 것이 복이 있는 것이라는 말밖에 없겠지

그런 사람치고 진실로 가난한 것을 갈구하는 사람을 본 적도 없어. 은근슬쩍 제 뒷주머니를 채우면서 앞으로는 거지 얼굴을 연극하는 것이지. 가난한 얼굴을 한 부유한 사람이 되는 것이 그들의 목표거든. 부유한 자들은 벌을 받는다는 말을 입에 달고 살면서도 소가 되새김질하듯 돈이 쏟아지기를 갈망하니, 속마음까지 바람이 들지 않기가 어렵기는 어려운 거야. 이런 이들도 독수리와 뱀이 사는 나의 동굴에 초대해야 하는 나의 처지가 서글프기는 해도 어쩌겠어. 그것이 내 일인데.

69. 정답으로 정신을 채운 몸

마음만 거지가 된 사람을 보냈지만 그는 아첨하는 일을 일로 삼았기에, 그를 보내고도 내 마음까지 거지가 된 것 같아 잠깐 쉬고 싶었어. 허나, 산속까지 헛소문이 났는지 사람들이 떼로 몰려들어 마음을 부유하게 만들 시간인 고독한 여유조차 가질 수가 없어서 다른 산으로 냅다 달려갔지. 그러자 달리는 형국이 스스로 거지가 된 사람을 쫓는 꼴이 됐으며, 나의 그림자도 나를 쫓는 꼴이 됐는데, 내가 멈춰 서자 그림자가 땅바닥에 꼬꾸라질 뻔했어.

쇠약해질 대로 쇠약해져 기력이 없는 것 같은 나의 그림자, 허나 질문할 줄 모르는 유령과는 다르지.

사람을 넘어서려면 '왜'라는 질문이 필수적인데 이와 같은 질문을 하는 것을 힘 있는 사람들이 가장 싫어하기에 질문하는 데도 용기가 필요한 이상한 현실. 어려서부터 힘 있는 사람들이 던져 준 정답만을 외우다 보니 질문하는 일을 잊어버렸다고 해야겠지.

짜라두짜의 그림자가 바짝 마른 것은 질문하는 습관으로 기존의 정답을 넘어선 만큼 살이 빠졌기 때문. 그림자의 살이 빠졌다는 것은 그림자를 만드는 몸도 날씬해졌다는 말. 정답으로 정신을 채울 필요가 없는 몸은 가볍고 상쾌한 상태가 될 수밖에 없으나 위험도 뒤따르지. 금지된 것을 두려워하지 않아 경계를 구분하고 존경심을 만들어 내는 허구를 엎어 버리는 전복적인 사유가 넘어서려는 사람들의 특기거든.

이런 사람은 만들어진 진실에 '왜 그것이 진실이야?'라는 시니컬한 물음을 아무렇지도 않게 던질 수 있는 용기로 무장된 몸이라, 진실의 가면 뒤에 숨는 일이 없어 벌거벗은 몸과 다름없지만, 정해진 답을 그림자로 달고 다니는 이들은 정신을 저당잡힐 집을 찾아 여기저기를 방랑하기 바쁘지.

하긴 이미 정신을 저당잡히기로 작정했으니 더 나빠지지 않은 것만도 감사해야 할 거야. 제발 사로잡히지 않도록 빌어본들 무슨 소용이 있겠어. 비는 행위 자체가 저당잡히고자 하는 행위에 지나지 않는데.

간단명료할수록 유혹하는 힘이 세므로 "믿으세요"라는 말을 그대로 믿기만 하는 것이 여전히 맹위를 떨치고 있잖아. '왜'라는 질문이 동반되지 않았다면 길을 얻는 것 같지만 정신을 잃어버린 꼴. 마치 스스로 어둠을 만들고서 어둡기 때문에 믿지 않을 수 없다고 자신을 위로하는 것과 같지.

방랑하는 그림자 인생의 존재 방식은 스스로를 기진맥진하게 만들기만 하니 쉴 곳이 필요할 것 같아 동굴로 초대하지 않을 수가 없었어.

70. 영혼이 영원이 되는 순간, 정오

그림자와 헤어지고 나서 혼자 한참을 달리고 달리다 포도가 탐스럽게 열린 포도 넝쿨을 보자 입에 침이 고이더군.

'포도를 따 드세요'라는 신호 아니겠어. 몸과 땅의 이야기에 충실한 나 짜라두짜가 포도 한 송이를 따려 하는 순간 갑자기 잠이 몰려와 잠시 눕는다고 했는데 그만 갈증도 잊고 눈을 뜬 채로 잠이 들고 말았지 뭐야. 나 짜라두짜가 노상 '한순간에는 한 가지 현상만 있을 수 있지'라고 말했던 것처럼.

포도 향이 바람에 실려 와 코끝에서 잔잔하게 춤추는 한낮이라 깃털처럼 가벼운 영혼도 쉬면서 함께 기쁨을 나누고자 했을 거야.

땅이 갖고 있는 포용력이 극대화된 탓도 있었겠지. 지친 몸들을 받아들여 생기를 불어넣어 주는 곳,

믿고 기다려 생명의 숨결을 갈무리하는 곳, 그리하여

풀의 하늘거림조차 부드러운 영혼을 행복하게 하는 몸짓이 되는 곳.

그런 땅에 눕자 황홀감에 심장이 터질 것 같아 눈뜨지 않을 수 없었으나, 땅의 고요가 영혼의 고요를 깊게 하여 그림자

없는 정오를 맞이할 수 있게 했지.

땅에 속한 영원의 우물물을 마셔 영혼도 영원이 되는 순간,

정오!

71. 선물

한참을 이 산 저 산으로 아픈 사람을 찾아다녔지만 만날 수가 없어 동굴로 되돌아갔더니 놀랍게도 고통 가득한 비명소리가 흘러나오지 뭐야. 멀리서 들을 때는 한 사람의 비명 같았지만 가까이 가서 들으니 여러 사람의 비명이 뒤섞여 있더군. 동굴로 초대했던 사람들의 영혼이 질러댄 절망감이 각기 다른 색깔로 표출되고 있었던 것이지.

어울리지 못한 비명이라 무슨 소리인지 분간할 수 없어 제소리를 더욱 크게 내지르고 있으니 절망감만 증장되는 울부짖음. 행복을 미끼로 초대한 사람들이긴 해도 행복이 무엇인지, 왜 행복하지 못한지를 깊이 살펴본 적이 없는지라 주어지지 않는 행복을 참을 수가 없어서 내뱉는 절규, 꼴사납기가 말이 아니더군.

내재된 허상에 매여 행복을 찾아다니느라 지친 몸이라 더욱 그렇겠지. 이들의 지친 몸과 마음을 쉬게 하지 않을 수 없어 행복을 미끼로 초대했으나, 지금 생각해 보니 실없는 짓을 한 것처럼 보이는군. 거침없는 나의 정신이 용기를 내 그들에게 용기를 북돋아 주는 선물을 하려고 했던 것이라고 해도.

그들에게는 새로운 선물이겠지만 나에게는 일상인 '나의 의
지로 나의 삶을 산다'라는 슬프고도 아름다운 용기를 의지하
게 하는 선물.

우뚝 선 소나무와 같은 의지와
바람조차 꺾을 수 없는 부드러운 몸짓으로
가슴의 상처를 아물게 하여 온전히 순간을 살아
사는 모습마다 희망이 되게 하는 선물을 나의 손님들에게
주고 싶었지
선물을 받은 당신들이 다시 나에게 선물이 되는 선물을

선물을 주고받는 정원에서 자라는 생명의 나무라야
살아 있음이 숭고한 일이 되고
그렇게 자란 아이들이 새로운 종족이 되어
생명의 나무가 뻗어 가지 않겠어

72. 당나귀 신앙을 넘어서는 식사

동굴 속에서 질러대는 속 깊은 비명소리마다 욕망의 소리. 한 사람 속에도 갖가지 욕망이 제 색깔을 내려고 하는데, 하물며 살아온 역사가 다른 사람들이 모여 있는 동굴의 실상은 말하지 않아도 알 수 있을 거야.

'나'라고 이름한 순간 연결망이 사라지고 공간에 홀로 서 있는 나의 욕망이 공간을 지배하기 시작하거든. 분별하여 나누는 순간 상호작용 속에서만 살아갈 수 있는 삶의 현장이 인식되지 않는다는 것이지. 분별 현상만을 예언하는 이들에게는 통찰력을 갖춘 독수리와 지혜로운 뱀이 머물 수 없으니. 머물 수 없다기보다는 도망친 것과 같다고 해야 하지 않을까? 분별이 심한 곳에서는 지혜와 통찰이 자라날 수 없고, 목마름과 피곤함을 이기기 위해 포도주만을 탐하다 보니 담담한 물맛을 잊어버리고 단맛에 취한 것과 같다고 해야겠지.

하긴 산속 동굴까지 찾아왔으니 배가 고프기도 할 거야. 해서 나 짜라두짜가 서둘러 함께 저녁을 준비하자고 했으나, 스스로 거지가 된 사람의 눈에는 성에 차지 않았는지, 나 짜라두짜가 말했던 '적당히 가난한 것이 좋아'라는 말로 토라진 심정을 내비치더군.

지금까지 욕망을 충족시키려는 노력을 배반당한 삶만을 살아왔으니 그럴 만도 하겠지. 그래서 다시 상기시켜 줬어.
'내 규칙은 나를 위한 규칙'이라는 것을.
내 규칙을 자신의 규칙으로 삼지 않아도 된다는 것을.
자신의 규칙에 맞게 튼실한 식사를 해야 된다는 것을.

그렇다고 자신을 위한 규칙이 초대된 왕의 주장처럼 '세상의 좋은 것들을 자신이 가져야 한다'는 뜻으로 해석되어서도 곤란하지. 말이 되지 않는 소리라 왕의 이야기를 듣던 당나귀도 심술이 났는지 네엥 하는 울음소리로 '어련하시겠어요'라고 이야기하더군. 그럼에도 불구하고 다들 배가 고팠는지 저녁 식사를 오랫동안 했지. 훌륭한 사람에 대한 이야기를 하면서.
역사책에는 이날의 만찬을 '최후의 만찬'이라고 쓰고 있는데, 당나귀 숭배를 넘어서는 식사였기 때문일 거야.

73. 봄 햇살을 안은 나비처럼 살기를

1.

'왜'라는 물음 없이 시장에 나갔다가는

시장의 논리에 지배당하기 일쑤

정신을 지배당해 자신도 반쯤 시체가 될 때쯤이면

친구로 남아 있는 이들은 곡예사나 시체뿐

시장이 원하는 훌륭한 사람과

시장이 말하는 평등한 관계를 모르겠거든

일단 시장을 떠나는 것이 훌륭한 일이야

훌륭한 일을 하는 이가 훌륭한 사람

2.

그림자가 사라지는 위대한 정오는

신의 이미지를 걷어내는 순간이며

온전히 자신이면서 함께인 모습으로 주인이 되는 순간

그림자를 넘어서야

사람을 넘어서려는 의지가

깨어나

3.

살아남기를 의지할 필요 없어
어쨌든 살아남거든
의지해야 할 것은
사람을 넘어서는 것
'어떻게 넘어설 수 있을까'라는 질문으로
정신이 가득 찰 때
비로소 자신의 관심사가 얼굴을 드러내지

그 밖의 다른 것은
건너고 넘어서야 하는 일
넘어설 일을 경멸할 수 있어야
희망도 찾아오고
스스로를 존중하면서 관계를 빛나게 해

굴종하느니 절망하는 것이
용기를 불러내고 희망을 싹틔우니
살아남기를 의지하지 말고
넘어서기를 의지해

시대를 훌륭하게 만드는 것은
시대의 의미를 넘어서는 것이니

시대를 사는 방법을 새롭게 창조할 수밖에 없을 때라야
시대를 가장 잘 사는 길을
만들면서 지운다고나 할까

4.

만들면서 지우는 일은
옛에 기대지만도 않고
다가올 날에 대한 기대도 없는
냉혹한 용기가 뒷받침되어야 해
예기치 않은 불안을 공포로 맞이하지 않을 수 있는 통찰력
으로 까마득한 절벽을 내려볼 수 있는 담력이 필요하다는
뜻이야

5.

통제를 넘어서려는 자를 사악하다고 하거나 사탄의 꾐에 넘
어갔다고 하나
통제로 묶어두려는 것보다 더한 사악함이 있을까?
넘어서려는 의지가 크면 클수록 더 사악해졌다는 말을 듣겠
지만, 그 말은 인간을 넘어서려는 의지에 대한 최고의 찬사
이면서 미묘한 진실
그 말을 듣는 것을 위안 삼아 기뻐하길

6.

인간을 넘어선 인간인 나 짜라두짜는

길을 잃은 사람들을 위해

길을 가르쳐 주려는 것이 아니야

그런 일들은 인간을 좀팽이로 만들고 말아

왜 내가 만든 길을 가려고 해

그런 생각 하나하나가 인간적이고 인간적이지만

번개 맞아 인간적인 것들이 소멸되지 않고는

인간도 될 수 없어

높은 곳을 갈망하는 일을 그만둬야

번개라도 맞을 수 있다는 것이야

제 서 있는 곳이 높은 줄 아는 이에게만 번개도 찾아오거든

인간적인 것들이 주는 고통을 겪고 겪은 뒤에야

번개도 깃들게 되니……!

7.

번개 맞기도 쉽지 않아

피뢰침으로 번개조차 가두고 말았거든

가둘 데가 없어져야

가두어진 번개에서 싹이 나고

인간적인 재주를 뽐낼 수 없어야

지혜가 번개처럼 찾아올까

어쩌면

인간적인 눈이 제구실을 할 수 없을 때라야

원래부터 그랬던 듯이 지혜의 눈이 자리 잡을까

8.

넘어선 사람은 스스로가 존재의 이유가 된 사람으로 힘을

숭상하는 것을 의지하지 않지

힘을 가진 사람들이 그 힘을 어디에 쓰고 있는가를 보면 알

수 있잖아

힘을 자신의 징표로 삼고 살다 보니

자기 자신조차 가짜가 되어

스스로를 있는 그대로 보지도 못하고

제 옆의 사람들도 제대로 보지 못해

회색빛 그림자를 빛으로 여기니

위장술의 대가라고는 할 수 있으나

결국에는 제풀에 지쳐 쓰러지고 말지

왜라는 질문을 한 지가 하도 오래되다 보니 위대한 삶이 무

엇인지를 살펴 알지 못하고

쓰러지고 말 좀팽이 같은 힘을 숭상하다

분칠한 얼굴로 비틀거리면서

거짓 삶을
살지

9.
어린아이가 왜라고 묻는 데는 관대하지만
크고 나서도 왜라고 묻는 이들은 불순분자 취급을 받게 돼
어린 시절의 질문에는 가르쳐준 대답을 기억하려는 의지가
작동하고 있기에 경계할 필요가 없지만
다 큰 사람들의 건강한 의심은 힘의 질서를 넘어서려는 의
지가 커질 수 있어 가만두지 않으려고 하거든

'믿습니다'를 되풀이하는 것은
얼어붙은 정신을 깨려는 의지의 싹을 자르는 것과 같지
그들에게는 진실이란 말이
'믿습니다'라는 말과 같거든

10.
정신을 깨운다는 것은
제 다리로 걷는 것처럼 제정신으로 생각한다는 것이야
남이 심어 준 진리의 쪼가리들을 외워
그것을 발판으로 생각 길을 걷다 보면 낭떠러지를 만나 꼬
꾸라지는 일밖에 없어

굴러떨어지는 돌처럼 생각의 고비를 넘어설 수 없거든

11.

자네를 자네로 만드는 것은

자네의 창조성이라고 할 수 있는데

창조의 특성은 만드는 것보다는 비우는 데 있지

늘 비우면서 새롭게 되어 가야만 하는 것이 운명이라는 것

이야

그런 자네를 창조하는 것은 우주의 비움

자네의 창조성과 하나도 다르지 않지

우주의 의지가 곧 자네의 의지니

피조물이라는 말도 성립되지 않아

우주가 자네를 창조하는 것이 아니라 자네가 우주를 드러내

고 있다는 말이지

허니, 자네의 비움을 감싸고 보호하게

채우는 것을 미덕으로 보는 순간

자네의 의지인 우주의 의지를 잃게 되니

가짜 미덕에 속지 않기를

12.

비움 속에서 창조가 이루어지고 있는 자네의 의지는 훌륭한

인간을 드러내는 좌표
창조가 아픈 것이 아니라
비움이 어려워 창조가 힘든 일이 되지

영혼을 깨끗이 해야 한다는 말을 들어봤을 거야
영혼의 소리는 비움끼리 주고받는 창조의 속삭임이기에
그렇게들 말하나
말들은 속삭임을 듣지 못하게 하는 경우가 더 많으니
조심히 말하도록

13.
비움이 우주의 의지를 담아내는 그릇이니
그 그릇을 채우려는 일로 힘을 소진하지 말게
힘써 일해도 항상 제풀에 지치고 말 뿐이야
밑 빠진 독에 물 붓기가 이 경우거든

선조들이 비운 자리를 조심스럽게 이어받아야
빈 마음자리에 올라갈 수 있지만
자네의 지금을 이루는 자네의 과거가 채워진 언어와 같으니
선조들의 빈자리를 엿보려면
'성스러움에 이르는 길'을 안내하는 표지판을 무시해야 해
그곳에는 정신을 참회하라는 지시가 깨알 같은 글씨로 꽉

채워져 있거든

그런 글을 보게 되면 자기도 모르게 정신을 참회하다

우뚝 선 혼자됨의 고독을 맛볼 수 없게 돼

14.

사실 인생에선 실패란 없어

성공도 있을 수 없단 말이지

성공을 희망하는 것이 실패를 만드는 지름길

존재는 존재 그 자체로 의미를 의지하는 것이며

스스로가 존재 이유가 될 뿐인데

일의 실패를 존재의 실패로 여기는 순간

인생사가 주사위 던지는 것과 다름없게 돼

훌륭한 사람들은

성공과 실패를 조종할 수 있었던 사람인지도 몰라

즐거움은 그곳에 있거든

15.

성공했다는 사람도

실패했다는 사람도 실상은

반쯤 부서진 사람들, 허니

사람을 비웃지 않고 성공과 실패를 비웃을 줄 아는 투쟁이

필요하지
인간이 가지고 있는 모든 에너지를 다 쏟아
성공이라는 외피를 벗고
되어 가는 것으로 자신을 온전히 살아내는 기술을 익혀야
돼

무르익은 곳에 멈추는 순간 그곳이 무덤이 되나
무덤에서도 넘어서려는 의지가 성공과 실패가 준 상처를 아
물게 하지

16.
절대적 기준은 사랑의 무덤과 같아.

폭도가 폭도인 이유는 우리의 정신을 멈추게 하기 때문이듯
변해가는 것을 사랑하지 못하게 하는 것은 무슨 폭력일까?
한때는 사랑이었겠지만
지금은 사악한 눈이 되어
봄 햇살조차 느낄 수 없게 하니
인생사가 천근만근
존재를 무겁게 짓누르는 것이 사랑이 된 세상이니…

17.
봄 햇살을 안은 나비처럼
자신의 길을 걷는 이는
존재의 가벼움이 웃음으로 드러나
걷는 것이 저절로 춤이 되지
변해 가는 존재의 위대함은 동상이나 석상으론 드러낼 수
없다는 것이야

존재 자체가
늪에도 빠지지 않을 만큼 경쾌한 춤이 되는 춤꾼은
물구나무를 선 모습조차
바로 선 자기가 되니
잊지 마!
인생의 길은 온갖 곳으로 열려 있다는 것을

18.
'절대적 기준으로 만든 화관'을 머리에 이고 있을 필요가 있
을까?
'풀꽃으로 만든 화관'이 삶의 거룩함을 나타내는 데는 적격
인데
시절 따라 달라지는 꽃으로 만든 화관이야말로
인생의 경전

웃음과 기쁨만큼이나 가벼워진 영혼은
아무런 관을 쓰지 않아도
영혼 그 자체가 몸이 된 것과 같아
한없이 가벼워진 걸음으로 인생길을 걷다
뛰어놀 때는 그 놀이에 빠지지
이게 짜라두짜

19.
훌륭하다는 사람들!
제발 멀쩡한 두 발로 서고 걷는 법을 배우세요
걷는 법도 제대로 배우지 못하고서
머리에 성공의 화관을 썼으니
봄 햇살을 실어오는 바람결과 춤출 수 있겠어요
영혼이 가벼워야
인생의 춤을 출 수 있어요
물구나무도 어렵지 않구요
제발 폭도가 되어 남의 춤선을 망치지 마세요

20.
바람이 부는 것처럼 보여도
공기를 흔들어 바람을 일으키는 것은 한두 가지가 아닌데

바람은 그 모두를 품어 안고
살랑거리기도 하고
온갖 소리를 내면서
춤추기도 하고 널뛰기도 하지요
그런 바람 같은 존재가 되기를

모두를 날아오르게 할 수 있는 존재
욕망에 저당잡힌 폭도들을 날려 보내는 사나운 정신을 갖는
존재
비비 꼬인 정신을 단숨에 날려 보내는 폭풍 같은 자유를 구
사하는 존재는
바람 같은 춤을 추면서
언제나 자기를 넘어서는 춤꾼

한번 그런 춤을 익히고 나면
실패를 모르기에
웃음으로 화관을 장식하지만, 그것을 성공의 징표로 삼지도
않지
훌륭한 사람들, 제발
웃는 것을 배우기를

74. 이슬 같은 위로

1.
마음의 동굴에 갇힌 훌륭한 사람들이 풍기는 냄새는 좀 그
래
나 짜라두짜는 동굴 밖의 싱그러운 냄새가 아니면 숨 쉬기
도 편치 않아
지혜로운 너희, 독수리와 뱀도 그럴 거야
싱그러운 냄새를 동반한 너희의 지혜로움을 내가 사랑하지
않을 수 없어
고마워!
바깥 공기 같은 너희가 나와 함께 해줘서

2.
바깥 공기가 주는 싱그러움에 취해
짜라두짜가 동굴 밖으로 나가자
싱그러운 냄새를 잊은 지 오래된 늙은 마법사가 일어나
'나도 한때는 용기가 있었어
내 속에서 일어나는 사악한 정신과 맞설 만큼
허나 너희 훌륭하다는 사람들의 비웃음 한방에 무너지고 말

왔어

무너졌다기보다는 새로운 가면을 쓰게 됐는데

그게 너무나 잘 맞았기에 기꺼이 덮어 썼다고 해야겠지

저문 밤에 찾아오는

우울한 정신과만 친구하는 사악한 웃음에 맞설 수 있는

감각을 깨우지 못했기에

마법사가 되어

늙고 말았어'라고 말했다지 뭐야

3.

젖은 줄도 모르게 젖어 드는

이슬 같은 위로에

잠시 갈증을 잊겠지만

자신조차도 속이는 기술자 시인에게

진실을 바라서는 안 돼

그들이 뱉어낸 말들의 사다리에 올랐다가는

뒤뚱거리며 걷는 광대 짓밖에 할 수 없고

그들이 만든 무지개 언어로 만든 다리를

건너고자 했다가는

탐욕의 강 속에서 기회만 노리는

피라냐를 벗어날 수 없어

채울 수 없는 욕망으로 이루어진 갈망의 숲에서
온갖 맹수를 피해
이곳저곳으로 옮기면서 분칠하는 기술만 늘었고
살금살금 다가서는 거짓말 말고는 는 것이 없거든

먹이를 향해 일직선으로 내리꽂는 독수리와
단숨에 울대를 물어 먹잇감을 절명시키는 표범 같은 기술을
익혔다 해도
그 또한 욕망을 감춘 가면들
하는 짓마다 광대 짓에 지나지 않아
낮의 빛이 싫을 수밖에 없겠지

그렇게 익힌 기술은 어둠이 찾아와야 그나마 제 역량을 발
휘해 이슬 같은 위로라도 할 수 있지만
이슬 같은 위로로는 타는 가슴을 진정할 수 없다는 것을 알
아야
가면 놀이를 하는 광대나 시인으로서는 진실을 깨달을 수
없다는 것을 알 텐데

75. 호기심

보상을 받게 하는 욕망의 추를 살짝 건드리기만 하면 정신
이 유혹당한지도 모르고 마법사의 언행에 빠져들지
욕망을 건들면서 정신을 황무지로 만들어 자신의 주술에 의
지할 수밖에 없는 상태를 이끌어 내는 것이 마법사에게는
진실이거든

잠시 정신이 양심적인 사람이 창문을 열어 신선한 공기를
마시게 하고
정신을 감옥에 가두고자 하는 마법사의 의도를 간파할 수
있는 말을 한다고 해도
마법사의 노래에 유혹당한 자들의 초점 잃은 눈동자를 돌리
기에는 너무 늦고 말았어

한 번 마법의 정신에 홀리게 되면 넋이란 넋이 모두 빠져나
가 마법사의 주술대로 춤을 추게 되니
안팎 모두가 마법사의 진실로 채워져 껍데기만 남아 있는
꼴
훌륭하다는 사람들의 처지가 그렇다는 것이야

마법이 걸린 상태를 안정적인 상태라고 여기는 것이지

안정적인 상태를 추구하는 것이
인간으로서 중요한 요소이긴 하지만
한 가지 더한 것이 있어 지금의 인간이 됐는데
그건 불안정을 넘어서는 호기심이야
용기와 모험심이 나오는 창고와 같지

두려움을 여의고자 하는 것 못지않게
해 보지 않은 것에 매력을 느끼는 것이지
인간의 이러한 용기가
독수리의 통찰력과
뱀의 지혜를 갖게 됐고
인간을 넘어선 인간을 꿈꾸게도 됐지
깊은 밤에 마시는 시원한 공기와 같은 꿈을

76. 가슴을 사막으로 만들고

1.

땅의 힘이 한계에 다다른 거야

땅을 의지해 살면서도

땅을 살찌울 생각을 해 본 적이 없었던 것이지

그냥 모든 것이 나오는 줄 알았지 세월의 힘이 땅의 힘을 기르는 데도 한계가 있다는 것을 몰랐던 거야

땅도 쉬어야 하는데!

강제로 땅이 갖고 있는 세월의 힘을 앞당겨 쓰다 보니 땅도 지쳐 쓰러졌고, 땅과 함께 가던 마음 밭도 황폐하게 됐으며, 어둡고 칙칙한 번민만이 제 세상을 만난 듯 요란스럽게 날 뛰게 됐어

그러다 보니 마음 밭의 울음소리는 들을 수 없었고, 모진 세월이 이어졌지

하지만 환멸의 구름이 삶을 감싸 도는 와중에도 한 가닥 빛이 있었어

강제로 쉬게 된 땅이 이웃 땅이 주는 힘을 받아 잿빛 구름 속에 여러 가지 빛을 비칠 수 있게 된 것이야

그렇게 해서 생긴 빛들이 어울리게 되자 공기의 내음새도
달라졌고 기이한 향기도 짙어졌으며, 향기가 코끝을 스쳐 가
자 저도 모르게 콧노래도 흘러나왔어

2.
신념의 과학이
실제의 과학을 엎고자 하는 것은
마음 밭을 사막으로 만드는 일
사막이 된 마음 밭밖에 없는 이들은
결코 볼 수 없는 푸른 마음 밭

'멈추고, 돌아보고 들어보세요'라는 말이
가슴에 닿기가
사막에서 오아시스 찾기보다 더 어려워
지친 마음으로
의심 가득한 마음으로나마
새로운 세기를 기다리는 노래라도 불러보고 싶지만
지금 여기의 맑은 공기와
달빛 타고 내리는 밤의 요정들의 춤에
저절로 들썩일 수 없다면 그 또한 쉽지 않아

기억도 제 것이 못 되고

미래 또한 제 것으로 맞이할 수 없는 춤은 외다리 춤
외다리로 춤추는 것이 어디 쉽나?
지금 여기가 없는 춤은 기억과 미래가 조각난 시간이라
사막이 커가는 소리만 째깍째깍

가슴을 사막화하는 일보다
재앙이 되는 시간이 있을 수 있을까?
'멈추고, 돌아보고 들어보세요'라는 말을
듣는 것도 하는 것도 정말 쉽지 않아

77. 고요를 견디지 못한다면

1.

만들어진 삶의 가치를 좇는다는 것은
이런저런 그림자를 좇아가는 것
방랑하는 그림자 신세를 벗어날 수 없지
허나, 헛소리로 하루하루를 채우다 보면 죽음의 그림자가 덮
쳐와도 고통과 번민이 없어서 좋겠어

나 짜라두짜만 쓸데없는 고민을 한 걸까
독수리와 뱀과 산책하는 수밖에

제대로 알아듣지도 못할
섞여 있는 소리를 용케도 알아듣고 당나귀의 네에…엥 소리
도 반주가 되는 이야기는
손님이 주인공이 된 꼴, 그 꼴이 영 불편했거든

저마다 제 목소리를 내고 있지만
돌이켜보면 그 목소리로 제 속마음을 듣는 것
하여 자신의 속마음이 이미 나온 목소리를 헤집고 들어가

그 목소리를 비웃게 되면
속마음에 깃든 그림자를 걷어낼 수도 있지
걷어내다 보면 중력의 영이 만든 그림자도 서서히 걷힐 것
이고 그 사이로 정오의 빛이 새어 나오면
잠에서 깨어나 기지개 켜다
새로운 경지에 이르게 되지 않을까

새로운 경지에 이른다는 것은
훌륭한 사람들을 흉내 내는 목소리가 잦아든다는 것이야
그런 목소리가 잦아들면 헛소리를 구역질처럼 내뱉는 일도
없어져
고통과 번민을 마주할 수 있는 자존감을 회복하게 되리니
좋은 시절이 다가오는 징조야
환영해, 회복기의 환자들!
행복으로 가득 찬 고요가 당신들을 맞이할 거야

2.
헛소리를 벗어나 고요 속에 깃들어 있는 환자들인 줄 알았
더니, 다시 새로운 헛소리를 신앙하는 신앙공동체를 형성하
지 뭐야. 한발 물러서서 보면 허황되기 이를 데 없는 소리를
경건한 기도문이라고 줄줄이 외우고 있으니, 참! '생각을 읽
을 수 있을 것 같은 사람을 숭상하는 일'은 염치없는 짓이라

저들 스스로도 할 수 없었는지 네엥… 하는 당나귀를 경배
하고, 당나귀 소리에 온갖 의미를 부여하는 자신의 헛소리를
대견하게 여기는 새로운 창조, 당나귀 신앙이 태어난 거야.

나! 짜라두짜
새로운 신앙이 탄생하는 장면을 보게 된 것을 영광으로 알
아야 할까?
하긴 생각하는 것이 믿는 일이 될 때는 어느 것인들 헛소리
가 아닐 수 없으니
그렇게라도 믿고 기도하고 미쳐 살아야지
지고하신 당나귀를 모시고서

고요를 견디지 못한다면 다른 수가 없잖아

78. 우상을 만들지 않는 정신

1.

'신앙한다는 것은 내부의 우상을 숭배한다는 것이니, 어떤 형상인들 무슨 상관이야.' 라는 듯이 당나귀를 숭배하는 신도들이 짜라두짜의 어이없는 표정을 보고서는, 자넨 이 일을 재앙으로 여기는 것 같은데, 우상이 없는 정신이 문제야, 무엇이든 경배하는 것이 생의 의미임을 알지 못하는 자네야말로 불쌍한 인생.

신은 죽을 수 없어, 신이라는 우상을 만드는 것이 정신이니 정신이 죽는다는 일이 일어날 수 없잖아.

무엇을 믿은들 무슨 상관이야. 어차피 그게 그건데.

자네가 말한 죽은 신이 당나귀로 살아난 것이 아니라 애초부터 신은 죽은 적이 없어. 잠자는 신은 있어도 죽은 신은 없다는 뜻이야. 분노로도 웃음으로도 결코 죽일 수 없는데, 짜라두짜 자넨 신이 죽었다고 외치고 있으니 자네 같은 악당도 없지.

자넨 위험한 인물이야

우상을 만들지 않는 정신으로 사는 사람보다 더 위험한 인물은 없거든

2.

당나귀 축제는 실은 신앙공동체를 흉내 내 짜라두짜를 실컷
놀린 축제였어
짜라두짜 덕에 '정신의 우상을 넘어선 인간'이 된 기쁨을 그
렇게 풀어 본 것이지
초인의 방이 놀이의 방이 될 수 있었던 것도
우상을 만들지 않는 어린아이의 왕국을
실험적으로 표현한 것
땅의 왕국이야말로 초인의 왕국이면서
인간의 왕국

3.

당나귀 축제는 우상을 기쁘게 하는 것을 일로 삼다
비로소 자신의 기쁨이 진실한 기쁨인 줄 아는 사람이 된 것
을 기념하는 축제였으니
짜라두짜도
인정하는 축제가 될 수 있었지
축제를 연 사람들의 정신 활동에 깃든 구름을 걷어냈으니
얼마나 청명한 날이었겠어
폭풍 같은 축제가 필요했던 것이야

잊지 말게 자네들!

비로소 인간을 넘어선 인간으로서 훌륭한 사람이 된 것을
큰 병을 앓다
회복된 환자라야 펼칠 수 있는 축제를 열어
진실로 자신을 사랑하게 된 것을

다음에 또 축제를 열 때는 언제나 자신을 사랑하는 마음으로, 짜라두짜를 기억하고 사랑하는 마음으로 열어주게.

고마워, 회복된 환자들!

79. 오늘을 비우고 내일을 꿈꾸는 자정

1.

회복하고 처음으로 맞이한 밤

밤의 신비를 만끽했지

의도하지 않아도 어느 틈엔가 깨어 있는 정신이 일을 했거든

땅의 왕국이 주는 평안함과

존재에 대한 경탄이 밤의 신비를 더하고 있었지

속마음을 감출 이유도 없었어

회복하고 보니 인생이야말로 살 만한 일

땅이 주는 의미가 인생의 의미니

땅을 딛고 있는 일이 어찌 가볍겠어

땅을 사랑하는 가르침이 축제를 통해 한껏 드러났으니

같은 사람이 다른 사람이 되고 말았지 뭐야

포도주에 취한 기쁨이 삶에 취한 기쁨만 할까!

당나귀가 춤을 췄던 것보다 더 기이한 일이 축제를 통해서

일어났었던 것이 틀림없어

2.

짜라두짜에게도 삶에 취할 일이 일어났어

내면 깊숙이에서 올라오는 정오의 빛을 맞이할 수 있는 정
신이 새삼스럽게 깨어난 것이지

밖을 향한 빛들이 더이상 일을 하지 않아도 되는 상태가 된
거야. 그 상태에서는 눈도 귀도 혀도 일을 할 수가 없었으며
몸은 진동으로 떨려 가누기조차 쉽지 않았어

미래에 걸쳐 있던 과거의 안개구름이 내부의 빛으로 인해
걷히면서 일어나는 현상들이었지

와! 하는 감탄사와 함께 찾아온 정오의 태양 같은 내부의 빛
이 펼쳐내는 신비한 광경은

달도 밤도 숨을 멎게 했어

온전히 제 발걸음을 뗄 수 있는 신체가 되어 새로운 내부가
열리고 있으니 함께 산책하기 좋은 자정이 오고 있었던 것
이야

3.

내부의 시선을 바꾸게 하는 자정이 오고 있으니

깨어 있으면서 맞이하기에는 산책만 한 것도 없는데

밤의 고요 속에서 새로운 자정이 들려주는 소리, 빛 하나 없
는 어둠 속에서 깨어나는 소리를 듣기 위해서는 외부로 향
하는 눈도 닫고 귀도 닫고 너의 자정에서 들려오는 소리에
만 주의를 기울여야 해

4.

과거와 미래에 걸쳐 있는 구름이 걷히니 시간이 날아가고 말았어. 자정이 어제를 잇는 자정이 아닌 깨어 있는 자정이 되면서 세상의 시간을 얼어붙게 만들었지 뭐야. 익숙한 세상의 시간을 잠들게 하고 새로운 시간을 창조한 것이지.

나와 세상이 죽어가는 어제의 시간 속에서

풀잎에 인 이슬방울이 울리는 소리조차 소름 끼치도록 새로워지면서

어제의 나를 얼어붙게 만드는 시간이 탄생한 것이야

아마 지금까지는 이 시간을 감당하는 영혼이 잠을 잤을 거야. 그리하여 세상의 주인이면서도 주인으로 살지 못해 초인을 기다렸겠지, 부질없이.

자정의 시간을 견딜 수 있는 영혼을 가진 초인만이, 자정이 내는 목소리를 편히 들을 수 있는 신체를 가진 이만이, 자정이 내는 소리를 들을 수 있다고 여겼겠지, 어리석게도.

5.

오직 내부의 감각만이 활동하는 것을 경험하게 되면 영혼이 제 스스로 춤을 출 수 있다는 것도 알 수 있게 되고, 비로소 생명 하나하나가 세상의 주인임을 자각할 수 있게 되지.

고요한 가운데 퍼지는 은은한 즐거움과

달빛조차 우릴 취하게 할 수 없는 신비가
무덤 같은 정신을 깨어나게 하니
보고 듣는 세상이 깊기는 해도
내부에서 퍼지는 감정의 울림만큼, 고요함만큼, 즐거움만큼
깊지는 못해

6.

보이는 세상을 보는 것보다 보이는 세상을 만드는 일만큼
깊고 달콤한 일도 없지. 아득히 먼 조상 때부터 만들어 왔던
세계상, 한편으론 고통의 뿌리가 되기도 하지만 생명의 황홀
이 되기도 하는 은둔자 같은 영혼의 놀이거든. 꺼내기 전까
진 그 깊이를 짐작할 수 없지만, 꺼내고 보면 그 또한 그렇고
그래. 갈색으로 무르익어 가는 포도 맛과 같지. 세월의 두께
가 만들어 가는 맛처럼 없는 듯한 것들이 세상을 만드는 주
역. 있는 맛과 냄새가 비밀의 문을 열고 나오는 듯하지만 맛
과 냄새 또한 한때. 맛도 냄새도 없는 황홀한 자정이 맛과 냄
새의 정오를 창조하니, 자정의 소리야말로 한낮보다 깊어.
한낮에 꾸는 꿈보다 더 깊어. 그래, 세상은 깊어.

7.

감각의 세상이 깨어나지 않게 해줘, 내 영혼!
영혼조차 잠든 자정이라 이 말을 들을 수는 없겠지만, 그래

도 부탁할게.

세상의 그림자가 깨어나기 전, 그때만이 완전한 영혼의 쉼터. 영혼이 쉴 때는 세상과 타협하지 않아. 온전한 영혼으로 완전한 세상을 꿈꾸는 것은 백일몽. 세상을 창조하기 직전은 오직 어둠. 어둠 속에서도 온갖 감각이 깨어 있는 밝음.

온전히 쉴 수 있는 이가 세상을 창조하니, 그만이 세상의 주인. 주인이지만 슬퍼, 쉼에서 깨어나고 싶지 않았거든. 하지만 별수 있어, 생명은 깨어나는 숙명을 가졌으니.
이웃이 깨어나게 하기도 하지만 나도 이웃을 깨우기도 하는 슬픈 영혼의 쉼. 그래,
깊은 세상에서 슬픔은 더욱 깊어.

8.
서로를 깨울 때만이 '나'가 탄생하는 이상한 세상과 존재. 하니 존재는 없어. 깨우면서 다른 세상을 함께 창조하고 다른 '나'가 되어 가는 이상한 존재와 세상만 흘러가지. 하여 들을 수 없는 거야. 듣는 순간 이미 저만치 흘러가고 없거든.
듣는다는 일이 뒷북치는 일이 될 수밖에 없다는 슬픔. 이해하려 해도 이해할 수 없는 자정과 정오의 연결. 바람에 실려 오는 소리를 듣는다 해도 가버린 자정과 정오의 영혼.

가쁜 숨을 내쉰다 해도 가라앉지 않는 헐떡임.

자정의 이야기는 정오가 들을 수 없고
정오 또한 자정을 엿볼 수 없어
취한 시인조차 말짱해지는 자정이니
자정이 취한들 영혼의 되새김질을 멈출 수 있을까?
오래된 슬픔도
자정은 되새김질로 그것을 기쁨으로 삼으니
슬픔 깃든 기쁨도 깊고 깊어

9.
영혼이 갈팡질팡하는 것은 '슬픔 속에 깃든 깊은 기쁨'과
'기쁨 속에 깃든 깊은 슬픔'이 원하는 것이 각기 다르다는 데
있어
죽고 싶은 슬픔과
영원히 살고 싶은 기쁨
그 사이에서 고통이 탄생하지

죽음을 욕망하면서 슬픔을 벗어나려 하지만
슬픔 속에 깃든 기쁨이 후손을 만들고
기쁨 속에 깃든 슬픔이 죽음으로 이끄니
기쁨과 슬픔이 사라진

자정만이
슬픔이 원하는 죽음을 실현하고
기쁨이 원하는 영원반복을 실현할 수 있어

10.
정오가 자정을 이어 가고
자정이 정오를 잉태한다는 것은
자정과 정오가 둘이 아니라는 것
자정이 곧 정오라는 뜻이야
하니, 슬픔과 다른 기쁨이 있으며
저주와 다른 축복이 있으며
밤과 다른 낮이 있을까?

하여, 기쁨을 영원반복 하고자 하거든 슬픔을 영접해야 하고
슬픔이 사라지기를 원하거든 기쁨도 사라지기를 원해야 돼.
기쁨과 슬픔은 짝이 아니라 온전히 하나인 듯 엮여 있거든.
둘이 사랑하는 사이이면서 사랑으로 하나 됐듯, 모든 것들
역시 사랑으로 하나야. 영원반복을 원한다면 찰나를 찬탄해
야 하고, 찰나를 원한다면 모든 것이 다시 회귀하기를 원해
야 해.
새로 반복되는 찰나의 영원회귀!

엮여 있는 것들이 사랑으로 새로운 후손을 창조하면서 찰나
를 영원으로 만드니
슬픔이 돌아오기를 염원하는 순간
기쁨이 영원해진다는 것이야
하니, 고통과 상실을 사랑하는 방법을 찾아봐

11.
모든 것이 영원하기를 바라는 기쁨이 있기에
세상이 따뜻하기도 하지만 목마름도 생기고
자기 자신이 자기 자신이기를 원하나
새로운 창조로서 영원회귀를 바라는 의지에 몸부림치기도
하지

슬프게도
슬픔 속에서 기쁨이 생겨나는 것과 같아
원하다 못해
슬픔과 증오와 고통도 원해
원할 뿐만 아니라 그것들도 영원하기를 원해
가슴 부서지는 아픔까지도 원하는 기쁨의 속내를 아는 사람
은 누굴까?

기쁨이 영원하기를 원하는 기쁨은

슬픔보다 깊고 깊은 영원

기쁨은 영원을 원해

12.

자정과 정오를 오가면서

찰나를 영원으로

영원을 찰나로 연출하는 깊은 회귀

엮여 있는 기쁨과 슬픔으로

세상은 깊고 깊다 못해

흐르는 영원이 됐지

80. 정오가 된 신체

마음 동굴 속에 또아리를 틀고 있던 훌륭한 사람들이 순식간에 사라지는 경험은 더이상 허깨비에 속지 않을 내부가 완성됐다는 징조. 이젠 행복을 추구하지 않고 그냥 하던 일을 해도 되는 시간이 무르익은 거지.

훌륭한 사람이라는 미신과 이별하게 되면서 위대한 정오를 맞이할 수 있게 된 거야. 눈이 열리고 귀가 뚫린 것이지. 훌륭한 사람들이 지고 있는 삶의 무게에 대한 연민심도 내려놓고 그저 예전의 시간이 사라진 것처럼, 나의 시간이 온 것처럼 그렇게 살면 되는 신체가 된 거야.